AF587730

Créer avec la nature

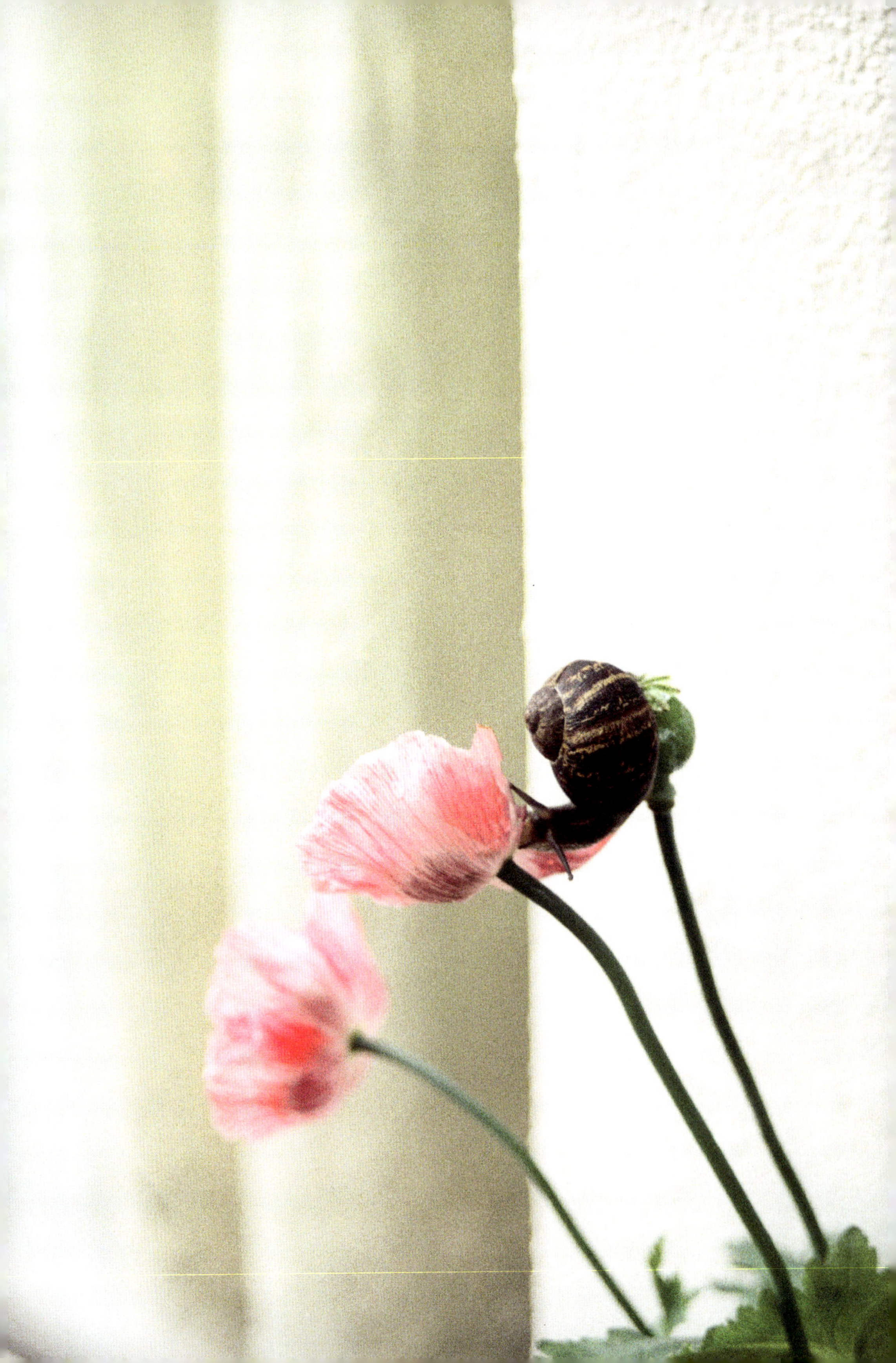

Johanna Tagada Hoffbeck
Texte, photographies et illustrations

Créer avec la nature

PRATIQUES ARTISTIQUES & MÉDITATIVES
POUR SE RELIER AU VIVANT

ulmer

Avant-propos

J'imagine qu'avec tout ce que le terme « nature » englobe, vous pouvez vous attendre à ce que ce livre soit un encouragement à créer avec des plantes. Cependant, dans ce livre et plus généralement, j'appréhende la « nature » comme incluant les humains et je ne limite pas son utilisation au paysage ni à son aspect végétal. Cette approche et cette compréhension sont enracinées dans diverses philosophies, notamment l'écologie profonde et de nombreuses croyances et pratiques spirituelles. Comme beaucoup, je crois que nous, les humains, faisons partie de la nature ; créer avec celle-ci revient donc à créer ensemble et à nous soutenir.

Je rédige cet ouvrage avec mon expérience d'artiste transdisciplinaire. Une passion, un mode de vie et un métier que j'exerce à plein temps depuis 2014. Par mon travail, j'aime créer, apprendre, collaborer et expérimenter, parfois sur de longues périodes, s'étalant sur plusieurs années. Par conséquent, mon approche est plutôt ludique et diffère du mode de recherche plus approfondi des professionnels travaillant avec la teinture naturelle ou le jardinage, entre autres. Je vous encourage ainsi à approfondir vos connaissances par la lecture de textes spécialisés. Mes connaissances se basent sur ce que j'ai jusqu'à présent appris et vécu. J'espère que cet ouvrage encouragera une sensibilité du regard, de la compassion et un doux élan créatif.

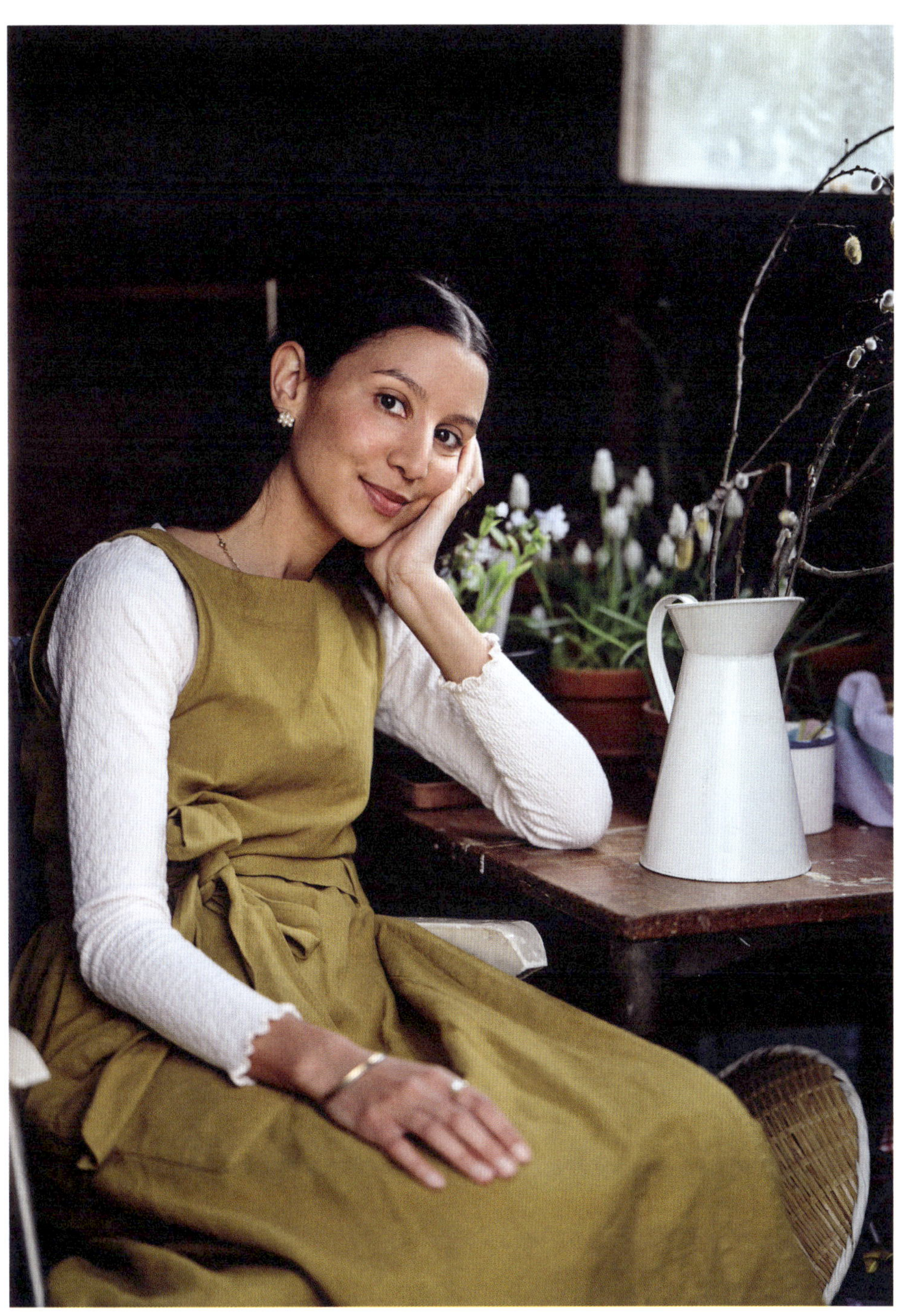

1. LE POUVOIR DES SOUVENIRS HEUREUX p. 18

2. CHÉRIR LE TOUT p. 32

3. THÉ, TISANE: UN MOMENT DE GRÂCE ET DE PARTAGE p. 58

4. LE GOÛT DES COULEURS OU LA TEINTURE NATURELLE p. 74

5. DE LA FEUILLE À LA PAGE p. 92

6. UN MOMENT AVEC UNE PLANTE p. 110

7. LE FUTUR EN FLEURS p. 126

Introduction

Ce livre est écrit depuis la campagne anglaise, dans l'Oxfordshire, où je vis avec mon mari, également artiste, Jatinder Singh Durhailay. Mes journées ici se déroulent entre notre petite maison, notre atelier et les parcelles que nous cultivons dans un jardin ouvrier. Au moment où j'écris, je travaille sur plusieurs projets : ma pratique d'artiste transdisciplinaire avec des expositions en Angleterre, au Japon, en Corée, des commandes, des collaborations, une résidence (en milieu scolaire avec le Camden Art Centre), et des événements. Ces activités et ces lieux ont nourri cet ouvrage. C'est un premier livre grand public et je suis enthousiaste de partager mes pratiques et inspirations.

Souvenirs d'enfance

J'ai vécu mes 18 premières années dans un village de la campagne alsacienne. J'ai passé une partie considérable des journées de mon enfance avec mes grands-parents Yolande et Roger, des gens discrets et humbles, aimant l'artisanat, la terre, les plantes, ayant des jardins et des vergers dans la famille depuis des générations. Les légumes, fruits, herbes, noix

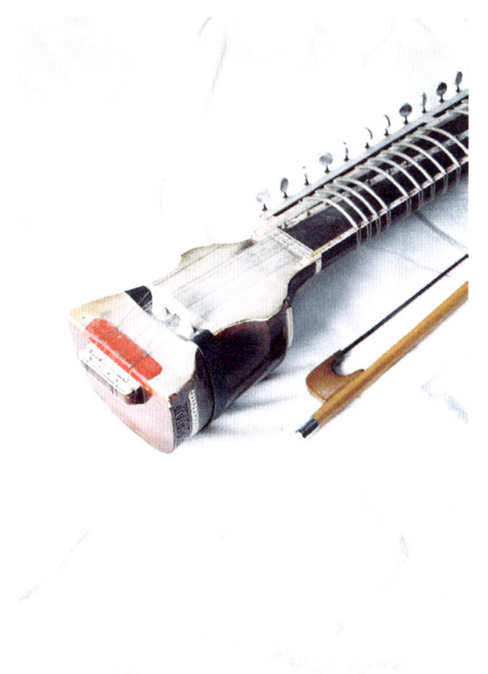

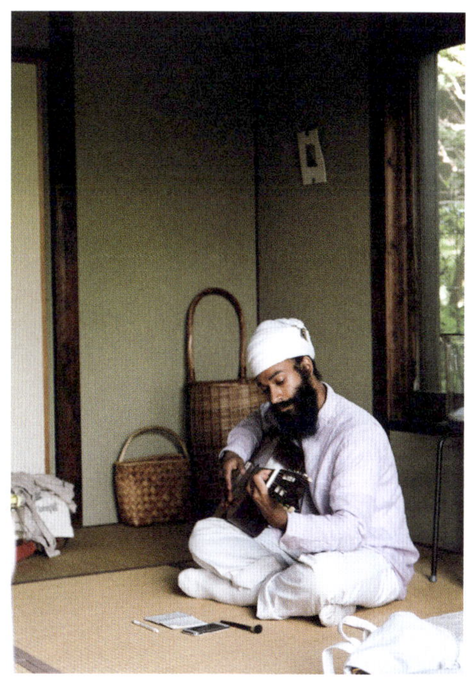

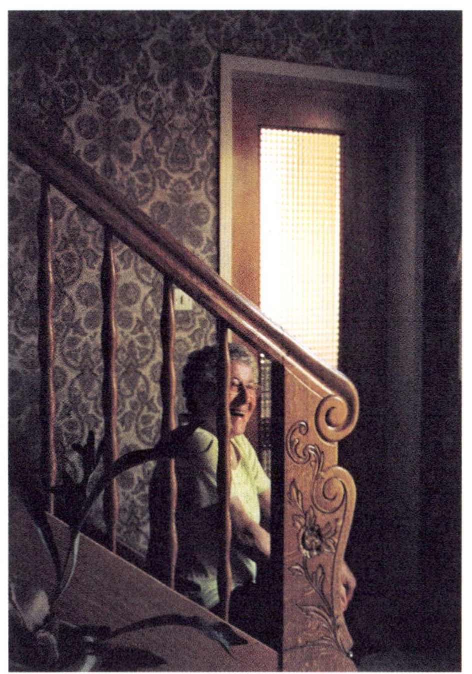

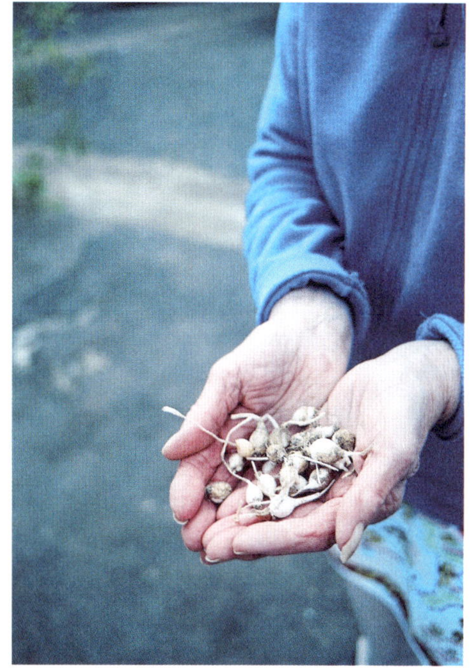

et tisanes consommés chez eux venaient de leurs jardins. Ce fut mon quotidien, cette auto-suffisance alimentaire qui fascine aujourd'hui. Avec le recul, je comprends ce sentiment de liberté de mon grand-père, car, comme l'écrivait le paysan et professeur américain Wendell Berry, « nous ne pouvons pas être libres si notre nourriture et sa source sont contrôlées par autrui. »

Mon grand-père adorait lire et c'est lui qui m'a parlé de la permaculture et de Masanobu Fukuoka. Mon père, son fils, jardine également beaucoup — plusieurs des photographies de ce livre sont de ses jardins.

Le milieu social de mes parents est celui de la classe ouvrière. Ils m'ont appris à travailler avec persévérance et rigueur pour réaliser mes rêves, tout en m'encourageant. Je me souviens des étés de mon adolescence travaillant dans la ferme biodynamique du village, rêvant de voyager et de découvrir le monde.

Les bons souvenirs de mon enfance sont de dessiner, jouer « à la bibliothèque », fabriquer des petits livres, danser, aller au jardin pour cueillir des légumes et des fleurs, chanter, lire, nettoyer, cuisiner, inventer des vêtements et des pièces de théâtre, regarder les insectes, les arbres et les animaux. Ajoutez-y Internet et c'est exactement ce que je fais maintenant !

Se connecter

À la fin des années 1990, mes parents ont acheté un ordinateur. Dans un coin de la pièce, il y avait une fenêtre ouverte sur la rue ; de l'autre se trouvait cette nouvelle fenêtre, donnant sur le monde. Avec l'ordinateur est arrivé un logiciel encyclopédique rempli de bien plus de ressources que la série de livres *Tout l'Univers* qui appartenait à mon père. Je me souviens aussi du téléphone portable violet foncé de ma mère, avec son antenne. Nous pouvions adresser des messages à nos cousins en Bretagne sans prendre un stylo en main. Cette technologie bouleversait notre quotidien. Je peux encore entendre le son grisant de la connexion en train de s'établir. Plus tard, c'est ce même outil qui m'a permis à la fois d'effectuer des recherches, de partager mes pratiques créatives formatrices et de communiquer avec d'autres, parfois au Japon ou aux États-Unis. Cela signifiait beaucoup pour une fille dont l'entourage ne connaissait personne travaillant dans le domaine culturel.

Respirer – Vivre à l'étranger

La dimension multiculturelle est centrale dans mon travail. Un des principes de la permaculture, un type d'agriculture naturelle, est « la diversité crée la richesse ». J'ai vécu en Suisse, en Allemagne et en Angleterre et visité quatre continents. Pourtant, on m'a souvent fait me sentir une étrangère en France. Il est complexe d'écrire sur ce sujet que je me sens malgré tout la responsabilité de partager.

À l'entrée au collège, on me demandait à chaque fois « Tu viens d'où ? ». Ma réponse semblait constamment se heurter à un mur : « Non, mais tu viens d'où, vraiment ? ». Et ce n'était en aucun cas une curiosité ou un enthousiasme pour une possible diversité ethnique ou culturelle, plutôt une demande de justification. Ma peau était brune, mes cheveux noirs, ondulés. Je savais que j'avais l'air différent de la plupart de mes camarades de classe, j'aimais mon apparence et on ne l'avait jamais pointée du doigt. Dès mes dix ans, on me disait sans cesse que j'étais « typée », je ne devais pas être « vraiment française ».

Adolescente, après avoir demandé à maintes reprises à ma mère pourquoi j'étais harcelée, elle m'apprit que son père biologique était algérien. Elle pensait que je ferais mieux de ne pas savoir. J'ai alors compris pourquoi nous mangions parfois de si délicieux couscous à la maison. Il n'y avait cependant pas d'autre héritage culturel, pas de langue, de religion, pas de cousin algérien.

J'ai appris à être à l'aise face aux questions et à reconnaître le racisme, qui continue de me heurter lorsque je reviens en France. Je vis en Angleterre depuis 2015. Mon ressenti dans ce pays est bien différent. C'est un droit de pouvoir se sentir en sécurité et accueilli par la société sans avoir besoin d'entrer dans un moule. La France a un long travail à faire et, en tant que Française, j'espère aider, par ses lignes,

Quand on se construisait des tipis avec Tom.
Quand on allait acheter des fraises. Quand on s'offrait des fleurs.
ANONYME, STRASBOURG.

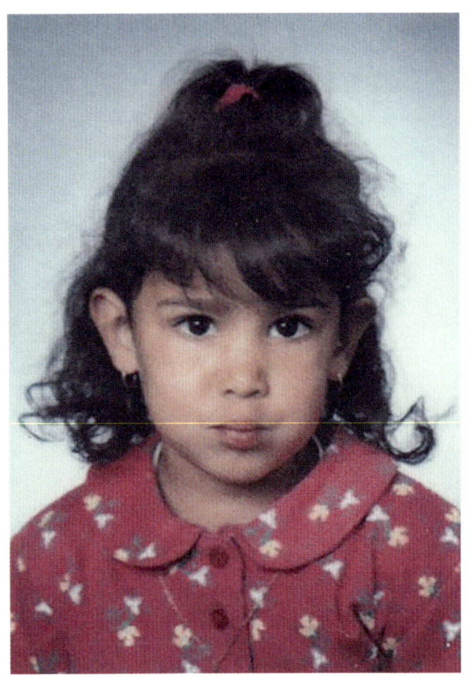

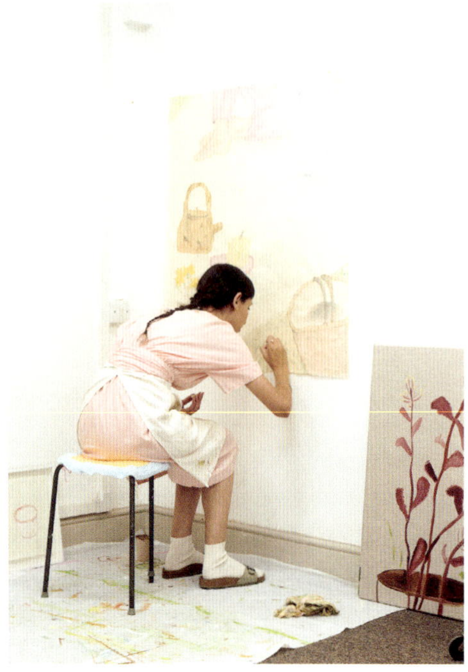

à distance. Que je ne me sente pas toujours la bienvenue dans mon pays est l'une des raisons qui m'a très vite encouragée à créer des œuvres et projets destinés à accueillir tout un chacun, sans jugement.

Un aspect formateur essentiel de mon parcours est la richesse que je tire des différentes langues que je parle et apprends, à différents temps : alsacien, français, allemand, anglais, japonais, hindi, pendjabi et arabe. Au-delà d'être diverses méthodes d'expression, les langues et les mots m'ont ouvert l'esprit avec différentes façons d'appréhender le monde. Pratiquer plusieurs langues représente aussi une opportunité d'être exposée à de multiples courants de pensée sans passer par la traduction, de partager ma pratique et de collaborer plus largement.

Une vocation

Longtemps, j'ai voulu devenir danseuse. Au fur et à mesure des années, et particulièrement durant l'adolescence, j'ai commencé à aimer peindre et faire avec mes mains. Mes rêves ont changé, surtout lorsque j'ai découvert la fabrication de décors, les costumes et l'histoire des différents courants de danse. Néanmoins, le mouvement et le rythme ont défini la façon dont je réalise et présente mon travail. La danse m'a aussi appris l'attention à l'environnement spatial dans lequel un projet est présenté et le dévouement à continuer à pratiquer pour apprendre. Cette ouverture au mouvement me permet de passer d'un médium à l'autre de façon ludique et holistique.

J'ai étudié pendant 2 ans à la Haute école des arts du Rhin. Malgré de bons résultats, j'ai décidé de ne pas poursuivre mes études en France mais de voyager.

J'ai toujours eu des petits boulots: serveuse, ouvreuse, vendeuse, employée dans des usines. En 2014, à 24 ans, j'ai commencé à travailler en tant que freelance uniquement dans le milieu des arts et de la culture, ce qui a parfois été difficile. Ma vocation, à travers les différents médiums avec lesquels je travaille, est de susciter des émotions positives.

Apprendre à cultiver la compassion

Lorsque j'ai déménagé en ville, j'ai commencé à réaliser mon attachement à la terre et au vivant. Pendant les premières années, j'avais beaucoup de questions: qu'est-ce que la nature? Où commence-t-elle? Où s'arrête-t-elle? Comment traitons-nous la vie? Je mangeais encore des animaux et avais des amies et collègues végétariennes et végétaliennes. Réfléchir à la « nourriture » m'a conduite doucement à un voyage vers une alimentation végétale. Il y a tant de choses qui peuvent nous nourrir tout en réduisant la souffrance et beaucoup de cultures de pays non occidentaux, tels que la Jamaïque avec sa culture ital ou l'Inde, le démontrent depuis des siècles. La souffrance est liée à la vie, mais

M'asseoir avec Coco et sourire. ANONYME, LONDRES.

il me semble essentiel de réduire celle des êtres vivants, et non pas se contenter d'améliorer leur vie avant de les tuer. Je me souviens des animaux avec lesquels j'ai grandi et que je retrouvais dans mon assiette. Je me rappelle avoir entendu que les animaux « savent qu'ils vont être tués, ils ont peur et que bien sûr ils ne souhaitent pas que cela leur arrive ». J'ai grandi à la campagne et ai donc toujours su que la viande, ce n'est pas juste un morceau rose dans une barquette en plastique de supermarché, mais bien un être qui vivait et avait des désirs. Depuis que mon alimentation est uniquement végétale, ma sensibilité et mon respect envers la vie et le vivant se sont accrus.

Remise en question et recherches continues

Ce questionnement ne s'arrête pas à mon assiette, il s'applique aussi à mon travail et au médium que j'emploie. Les matériaux que j'utilise sont-ils sans danger pour l'environnement et ma famille ? D'où viennent-ils ? Qui les fabrique ? Pourrais-je les faire seule ou avec des amis ? Je me suis lancée dans un lent voyage de réutilisation, de fabrication et d'achat de pigments naturels et de papier. C'est à la fois stimulant et source de difficultés. Bien qu'il puisse s'agir d'un abandon poétique de contrôle dans lequel le médium dicte la forme, je souhaite également composer des œuvres aux caractéristiques spécifiques qui ne se limitent pas aux médiums. De ma peinture à l'huile en tubes, pour la plupart acquise pendant mes études il y a plus d'une décennie, je transite vers des œuvres aux pigments naturels, parfois fabriqués à partir des plantes de mes parcelles ou cueillies avec respect. Mais ces pigments mènent généralement une vie que nous, humains, définissons comme transitoire, semblable à celle des plantes, et ne restent parfois que quelques années sur le papier. La poésie est donc là aussi présente, avec ses challenges — l'absence de pérennité de ces pigments fait qu'ils ne sont pas des plus appréciés des galeries et des collectionneurs !

Voyage et rencontres des pratiques sikhs et jaïns

Jeune adolescente, lors d'un séjour scolaire à Londres, j'ai été hébergée par une famille sikh britannique d'origine indienne. Je n'avais jamais rencontré de personnes sikhs jusqu'à ce voyage. Une décennie plus tard, j'ai commencé à découvrir la foi sikh et ses pratiques culturelles riches et diverses, avec en son cœur le service de l'humanité (la *Sewa*) au travers d'actions quotidiennes. En rencontrant mon futur mari Jatinder et sa famille, sont entrés dans ma vie de nouveaux goûts, sons, valeurs et pratiques. Ce mode de vie fondé sur l'unité, l'égalité et la prospérité de tous a influencé ma personne et mon travail.

Comme Jatinder et moi avons vécu près de sa famille pendant plusieurs années, j'ai également appris un peu des langues pendjabi et hindi, ainsi que des recettes et des techniques artisanales. Durant cette période, nos voisins étaient Jaïns — pratiquant l'une des anciennes religions de l'Inde. Celle-ci a pour pilier Ahimsâ, le principe éthique de ne pas nuire aux autres êtres vivants. Grâce à de multiples conversations, j'ai appris que, contrairement à d'autres pratiques indiennes ancestrales, pour les Jaïns, Ahimsâ est idéalement la norme par laquelle toutes les actions sont considérées. Les Jaïns ne mangent donc pas d'animaux ni même de légumes-racines (y compris les pommes de terre et l'ail) au motif que les insectes pourraient être tués en les arrachant. Les Jaïns dévoués peuvent être vus portant un masque sur la bouche et le nez afin d'éviter de respirer accidentellement une minuscule créature volante et de la tuer. Certains portent également un petit balai pour enlever délicatement les insectes de toute surface sur laquelle ils souhaitent s'asseoir. Bien que cela puisse sembler extrême à certains, j'admire une telle dévotion et son application à la vie quotidienne.

Jatinder et moi partageons un intérêt fort pour le Japon. Nous avons visité ce pays plusieurs fois — toujours ensemble, parfois avec très peu d'argent et beaucoup d'enthousiasme, d'idées et d'amis (en commençant par Kado Hiromi, une illustratrice japonaise et ma correspondante pendant des années).

Nous avons également voyagé dans divers endroits en Inde et vécu pendant 4 mois à Auroville, une ville utopique du Tamil Nadu rural, dans le sud du pays (c'est là que nous avons appris à faire du papier, savoir que je vous transmets au chapitre 5). Les cultures raffinées de l'Inde m'ont profondément marquée et certaines d'entre elles font partie de mon quotidien, notamment parce que Jatinder joue chez nous chaque soir du dilruba, un instrument à cordes.

La place de l'amour

Je garde un souvenir particulier, celui d'avoir passé un vendredi matin en Alsace avec ma grand-mère à déguster sa délicieuse tarte aux pommes maison en buvant un Masala Cha. Ma belle-mère m'a confié la recette de ce thé indien (que je partage avec vous page 72) — ma grand-mère parlait alsacien et je lui répondais dans un mélange de français et de dialecte local pendant que nous dégustions cette collation. Le soir, je rentrais chez moi, en Angleterre, avec Jatinder, la nourriture des jardins d'Alsace dans mes bagages, ainsi que des boutures de plantes à rempoter. Peu de temps après, Jatinder et moi nous sommes retrouvés assis dans la maison de nos voisins, mangeant de la nourriture gujarati épicée pour le dîner alors qu'ils célébraient une journée propice dans le calendrier du dharma jaïn. En rentrant à la maison, je me suis rappelé que la veille, j'avais mangé le délicieux couscous de légumes de ma mère. Dans tous ces endroits, j'ai aimé et je me suis senti aimée. C'est ce tel sentiment d'amour et de soin que je tente de mettre au cœur de mon travail. Vous trouverez tout au long de ces pages des souvenirs de bonheur que j'ai précieusement collectés.

Collaborer

Au cours des années, j'ai tenté de mettre en pratique tout cela. J'ai mis en place différents projets participatifs, dont voici les deux principaux :

- *Poetic Pastel* est une conversation engagée à l'approche douce, en accord avec l'écologie profonde et centrée sur l'art, l'édition, le textile et le jardinage. Ce projet est né en 2014 et est inspiré des éléments naturels, des souvenirs tendres, des rythmes, des couleurs, des émotions, des relations, de la littérature, de la poésie, de la culture du thé et du quotidien. Les projets variés et pluridisciplinaires de *Poetic Pastel* donnent lieu à des expositions, des rencontres, des performances, des écrits, des publications, la création de textiles et autres objets du quotidien. Plus de 200 artisans, artistes, designers, écrivains, institutions, librairies indépendantes, jardins et autres ont pris part à ce projet au cours des années.

- *The Gardening Drawing Club* (« le club de dessin et de jardinage » en français) invite enfants et adultes à découvrir des pratiques horticoles *via* les arts et *vice versa*, dans une approche joyeuse, selon des méthodes véganes et de manière gratuite. Les ateliers et événements divers ont lieu dans toute l'Angleterre et sont accueillis par des institutions d'arts, des jardins de paroisse et de temples, des galeries, des centres socioculturels et des fermes florales et pépiniéristes.

The Gardening Drawing est une forme d'activisme social qui offre des moments précieux pour sensibiliser à l'observation du vivant en conscience, à l'épanouissement créatif et aux liens avec les plantes, les autres et soi-même.

Je souhaite que ce livre mène une existence vibrante : une vie à vos côtés, avec vos amis, votre famille et votre communauté. S'il vous plaît, partagez-le, n'ayez crainte de le couvrir de marques de thé ou de terre. C'est un ouvrage pensé pour accompagner vos journées et non pour rester sur une étagère. J'espère qu'il sera offert, partagé.

Bien que nous ne nous rencontrions pas, j'espère que vous ressentirez mes encouragements et mon énergie. Comme je le dis dans la plupart des ateliers : osez, ayez confiance. Si vous n'avez pas dessiné ou fabriqué pendant des années, n'ayez pas peur. Vous pouvez le faire ! Il ne s'agit pas de créer un chef-d'œuvre ou de se métamorphoser en un artiste à plein temps, mais plutôt d'intégrer la créativité et le calme dans votre quotidien et de cultiver la bienveillance envers le vivant. Je vous souhaite de bons moments.

> *À la maison, nager dans l'étang tous les jours de l'été.*
> ANONYME, LONDRES.

I

Le pouvoir des souvenirs heureux

Par ma pratique, je souhaite faire naître des sentiments positifs et de la joie. Cela ne signifie en aucun cas que je suis toujours heureuse ou que je n'éprouve pas de sentiments pénibles ou ne traverse pas d'expériences de vie difficiles. Mon travail reste sincère, car l'anxiété et les difficultés sont canalisées à travers ma pratique créative vers des œuvres souvent douces et réconfortantes. Et si ceux qui ont une interaction avec mon travail se trouvent souvent apaisés, je vais mieux, et moi-même me sens bien lorsque je crée. J'ai souvent fait l'expérience et bénéficié des valeurs thérapeutiques de la création artistique et plastique.

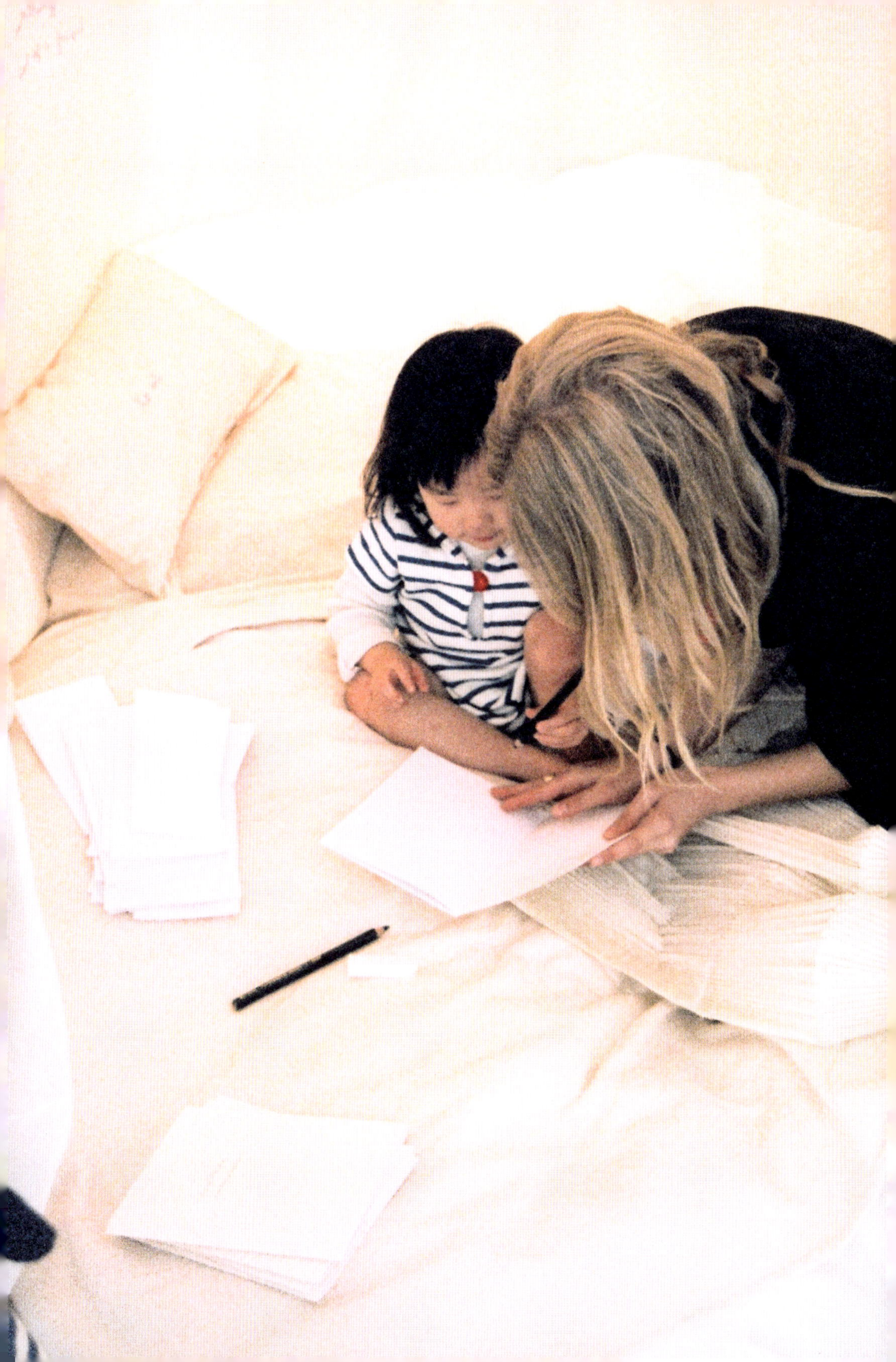

Je me souviens que j'ai aimé quand j'ai fêté Noël avec tous mes amis.
ENFANT, STRASBOURG.

L'une de mes principales inspirations est le souvenir de bonheur ; alors qu'un moment heureux peut être révolu depuis longtemps, son souvenir met à notre disposition force, joie, confiance, sentiment d'identité et conscience de nos buts, ainsi qu'une certaine légèreté. Ces souvenirs nous relient également aux autres, qu'il s'agisse de notre famille, d'amis, d'un ou une partenaire, de collègues, de voisins ou d'un animal. Dans le cas particulier du deuil, les souvenirs de bonheur sont à part ; ils nous peinent et renforcent notre compréhension de la qualité éphémère de la vie, y compris la nôtre. Durant les semaines qui suivirent le suicide inattendu et soudain de ma grand-mère bien-aimée, je ne pouvais laisser mes yeux s'attarder sur les plantes succulentes ou m'occuper trop longtemps du jardin, car ces souvenirs d'elle, puis de nous avec des plantes, creusaient un profond chagrin. Avec le temps, ces souvenirs heureux et ce qui reste physiquement de nos vies partagées me procurent une énergie quotidienne et le sentiment que sa vie continue entremêlée à la mienne.

Une collecte précieuse

Le désir est venu de recueillir les souvenirs heureux des autres, à travers ma pratique artistique participative, comme une collection. En 2014, à l'occasion de ma première exposition personnelle au Japon, à Tokyo, j'ai lancé une initiative de 4 ans intitulée *Épistolaire Imaginaire.* J'invitais les visiteurs de la librairie d'art et galerie où se tenait l'exposition à Tokyo à partager un moment de bonheur simple en l'écrivant ou en le dessinant dans des carnets que j'avais fabriqués à la main. En échange

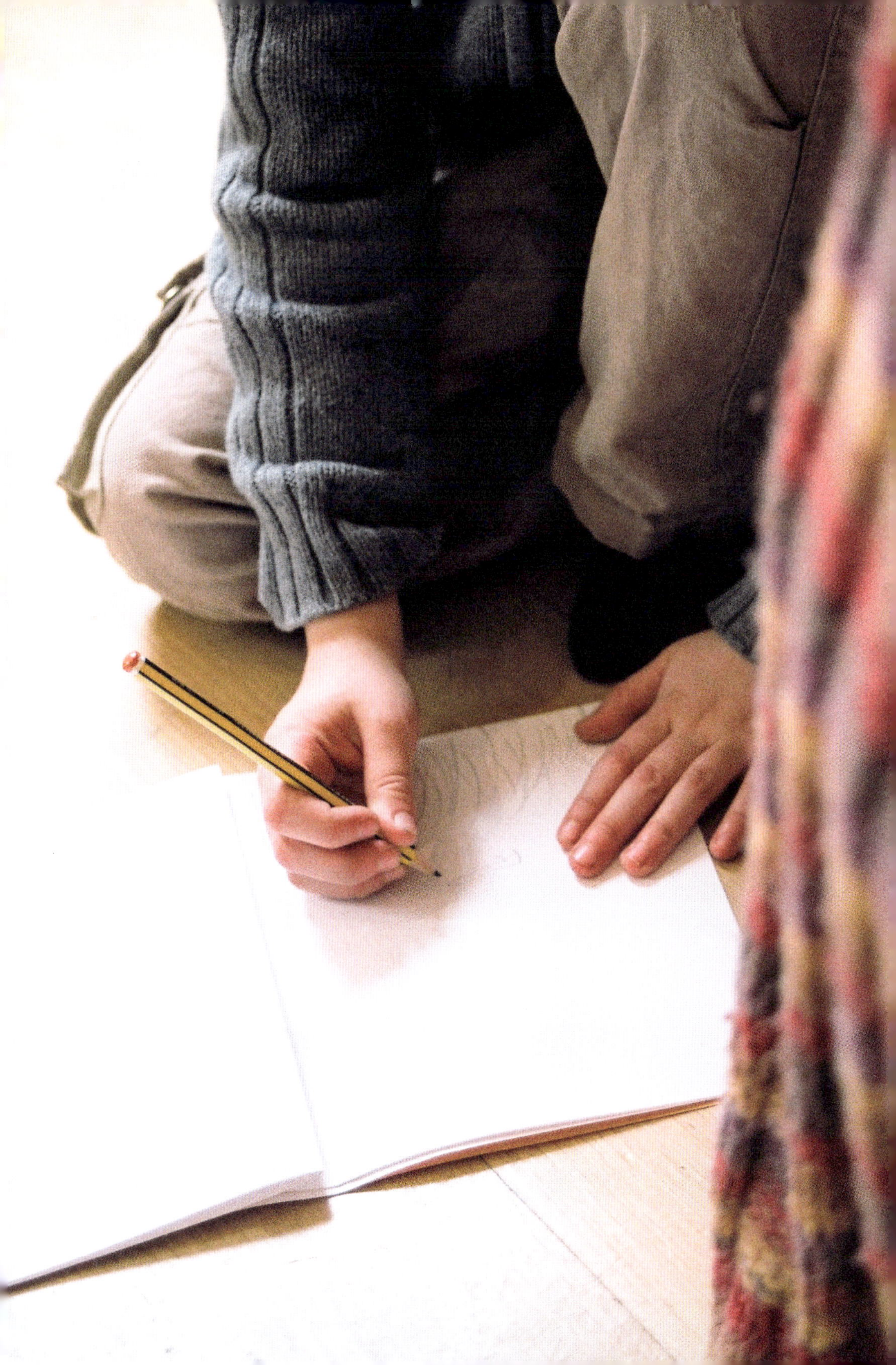

LES FLEURES DU JAPON

Un guide étape par étape sur comment réaliser une exposition de Johanna Tagada Hoffbeck depuis là où vous êtes confiné·e·s (si vous le souhaitez).

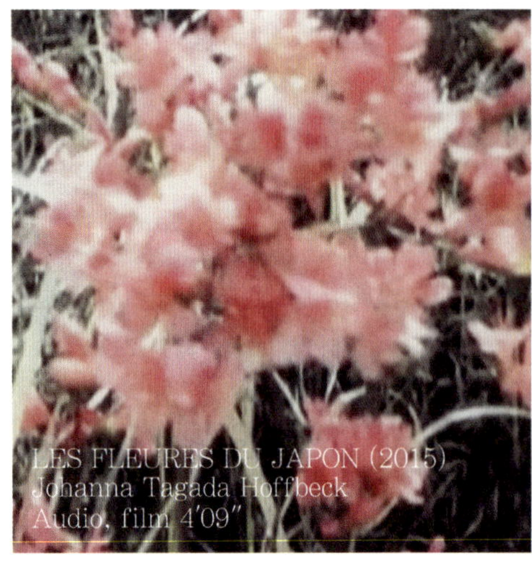

LES FLEURES DU JAPON
Liste du matériel

L'endroit où vous êtes confiné·e·s,
Un écran, peu importe sa taille
ou un projecteur,
Autant d'oreillers que vous le souhaitez,
si possible de tons clairs ou pastels,
Des couvertures ou des housses de lit,
si possible de tons clairs ou pastels,
De l'eau chaude, des herbes à infuser,
Internet.

LES FLEURES DU JAPON
Instructions

Allez sur fleures.org,
Asseyez-vous sur autant d'oreillers
que vous le souhaitez,
Enveloppez-vous dans une couverture
ou construisez-vous un refuge,
vous pouvez utiliser vos meubles
(faites comme vous le sentez)
Lancez la vidéo,
projetez-là sur la surface choisie,
Dégustez lentement vos herbes infusées.

Ci-dessus, une partie de la présentation du projet www.fleures.org *via* Instagram, en collaboration avec Alyssia Lou, 2020.

M'asseoir sur le banc de la cuisine de ma grand-mère, en la regardant cuisiner.
ANONYME, LONDRES.

du souvenir, ils avaient la possibilité de quitter le lieu avec une lettre que j'avais écrite : une forme de partage. J'ai rédigé environ 100 lettres courtes et différentes pour chaque exposition, en français, anglais et allemand[1], reflétant le bonheur. Certaines personnes ont partagé un souvenir sans acquérir de lettre et *vice versa*, d'autres n'ont pas participé — c'est une pratique participative douce.

De Tokyo à Strasbourg

L'exposition à Tokyo s'intitulait *Épistolaire Imaginaire* – わけあうことば, la deuxième partie du titre en japonais signifiant « échanger des mots ». Ce premier projet a donné le ton et *Épistolaire Imaginaire* est devenu une collection itinérante de pensée positive. La série se poursuivait avec *Épistolaire Imaginaire – Les Fleures du Japon* à Los Angeles. L'histoire derrière l'orthographe du titre est liée à l'un de mes souvenirs heureux ; mon mari, anglais, qui apprend peu à peu le français, m'a un jour écrit une courte lettre d'amour écrivant « Fleures » ainsi. L'exposition a suivi son chemin en passant par Londres (*Le Refuge*), puis Strasbourg pour la dernière exposition (*Merci*). À chaque fois, j'utilise les souvenirs partagés par les participants pour élaborer des œuvres présentées dans l'édition suivante. Parmi ces pièces se trouve *Le Refuge*, une installation textile en coton biologique avec des broderies réalisées avec une sélection de souvenirs de bonheur partagés. *Les Fleures du Japon* est un court-métrage dont la partie sonore est une lecture de souvenirs de bonheur, partagés à Tokyo dans la première édition de *Épistolaire Imaginaire,* et la partie visuelle, un assemblage de vidéos de fleurs et plantes que j'ai aimé observer lors de mon premier séjour au Japon.

[1] Le français, l'anglais et l'allemand sont des langues que je parle couramment.

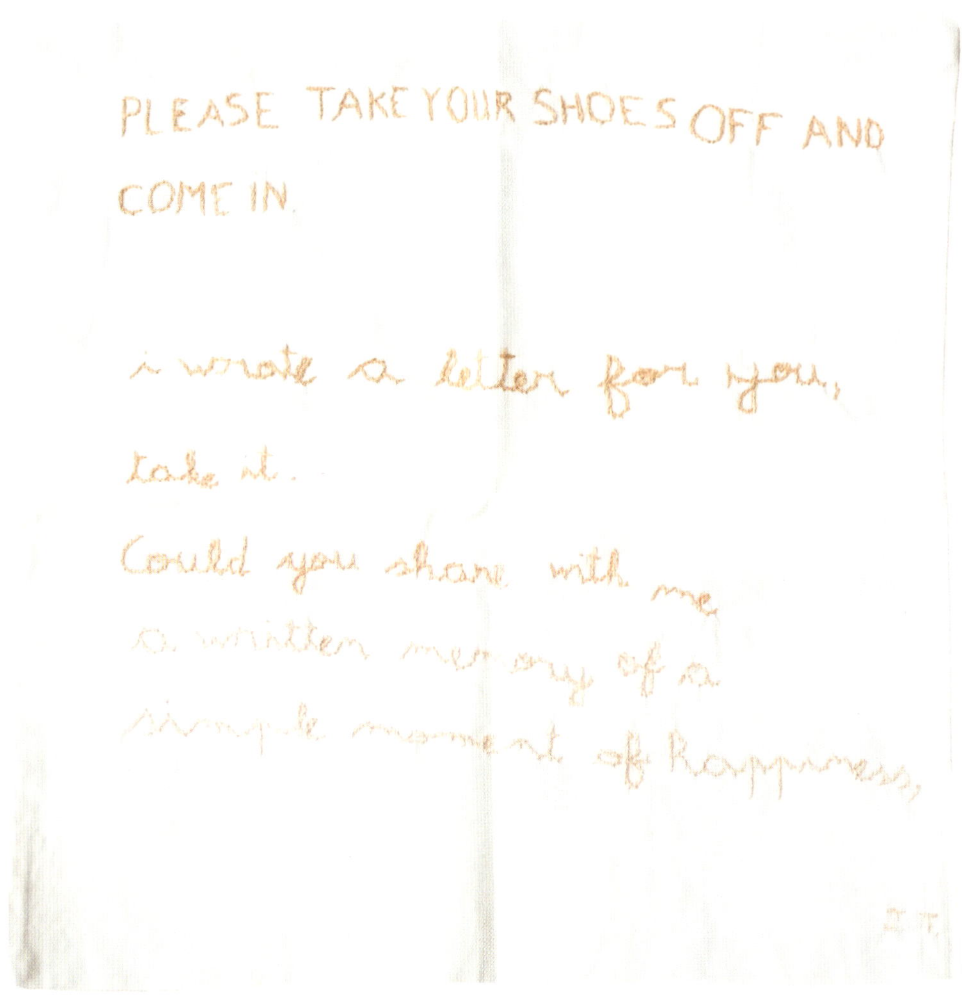

CI-DESSUS : broderie sur un rebut textile.
En français : « S'il vous plaît, ôtez vos chaussures et entrez. J'ai écrit une lettre pour vous. Prenez-la. Pourriez-vous partager avec moi un souvenir d'un moment de bonheur simple ? ». Cette broderie est placée à même le sol devant l'installation *Le Refuge*.

À DROITE : l'installation *Le Refuge* (2015), en coton bio et cordes.

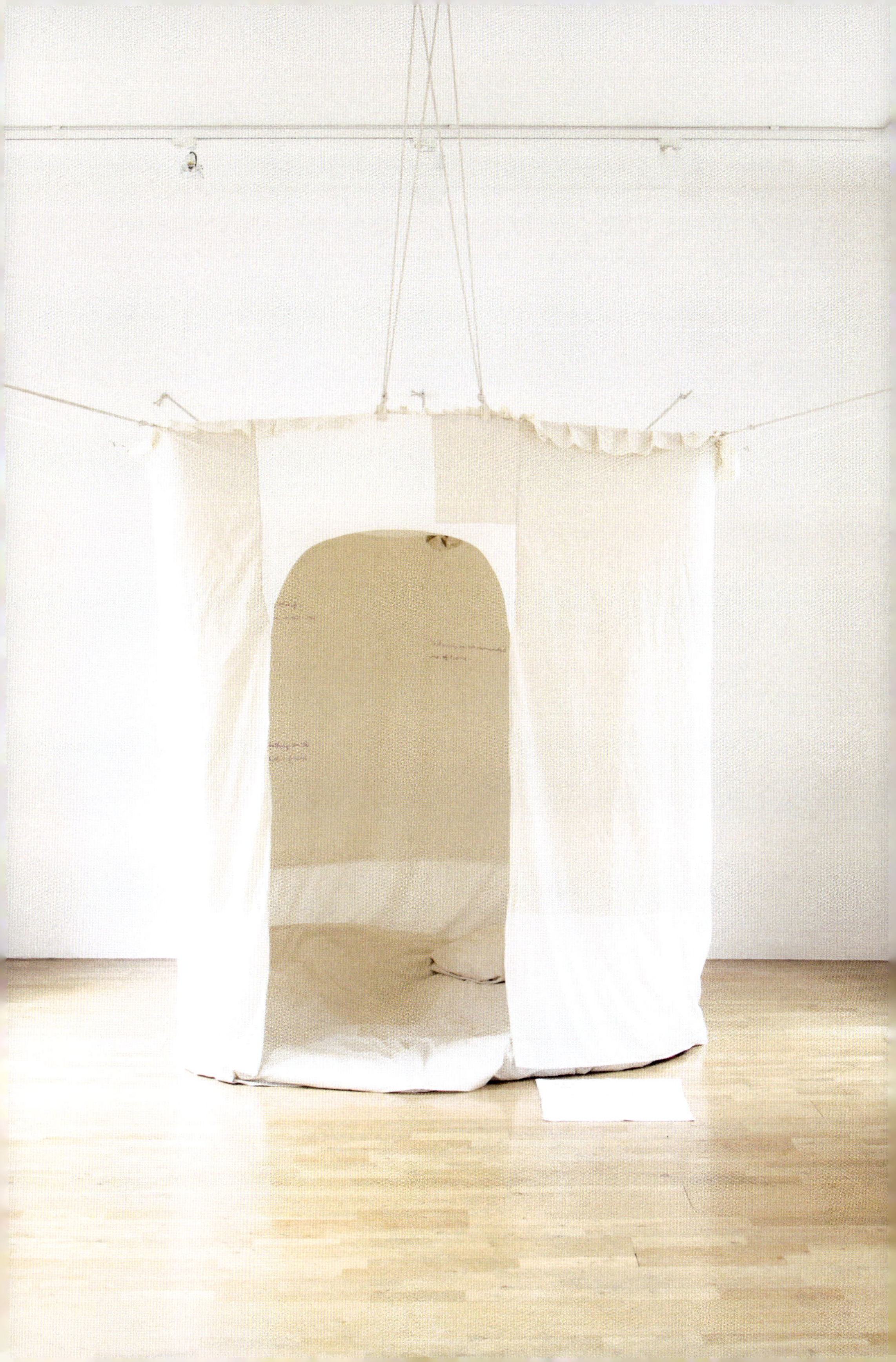

Une balade dans un joli petit chemin ce matin.
TAKASHI HOMMA, LONDRES.

Le projet *Épistolaire Imaginaire* aurait pu durer toute ma vie. Pourtant, il avait déjà tellement grandi à chaque épisode que j'ai pensé que ces derniers pourraient être explorés dans un livre. Ils mélangent l'art, la correspondance et la recherche sociale fictive, ce livre reste à créer. Je partage avec joie, dans le livre que vous avez entre les mains, une sélection de souvenirs heureux — vous les trouverez dans les marges au fil des des pages.

Se souvenir d'un souvenir

Lors du premier confinement du printemps 2020, avec ma copine et collaboratrice, la graphiste Alyssia Lou, nous avons pensé le court-métrage *Les Fleures du Japon* en tant qu'exposition que les gens pouvaient faire à la maison. Une page web (www.fleures.org) avec une liste de matériel simple, tel que des coussins, une tisane et un guide étape par étape, permet de réaliser une exposition depuis des lieux individuels de confinement en projetant sur une surface le film, accessible gratuitement depuis le site.

Enfin, après le premier confinement, une galerie à Tokyo a exposé une partie de l'archive d'*Épistolaire Imaginaire*. C'est arrivé à un moment où beaucoup d'entre nous avaient besoin de se rappeler ce que peuvent être le bonheur et les liens aux autres.

Une simplicité intrinsèque

Tous ces souvenirs partagés décrivent des moments humbles, comme se réveiller un matin ensoleillé, être avec un être aimé, manger et rire, contempler la pluie derrière une fenêtre, un chat qui attend notre retour à la maison. La majorité de ces souvenirs impliquent une forme d'interaction sociale, qu'elle soit humaine ou non humaine. Cela a renforcé ma croyance en l'hypothèse de la biophilie.

La biophilie est le fait d'aimer le vivant. L'hypothèse de la biophilie proposée par E. O. Wilson en 1984 suggère que les êtres humains ont une tendance innée à interagir et à former des liens avec les autres êtres vivants, humains ou non humains.

L'une des motivations du projet était d'encourager à employer le bonheur niché en nous-mêmes, car ces souvenirs heureux du passé ont la possibilité d'améliorer notre humeur, notre résilience, notre bien-être et notre joie dans le présent. C'est un pouvoir que nous détenons tous jusqu'à ce que nos souvenirs commencent à se fragmenter ou à disparaître. De récentes recherches montrent que les souvenirs de bonheur sont essentiels à notre santé mentale. Nous avons tous fait l'expérience de nous sentir agités, énervés, attristés, anxieux par le rappel d'un souvenir pénible — ces fragments dans nos mémoires semblent parfois nous parvenir sans que nous ne les ayons convoqués, comme si le pouvoir d'utiliser nos souvenirs nous échappait. Cette prise de conscience peut être un encouragement à employer nos bons souvenirs, afin de nous faire du bien. Éprouver de la gratitude est bon pour le corps et l'esprit, et la gratitude peut être suscitée en convoquant nos souvenirs de bonheur. Une étude de l'Université de Californie[2] sur 186 femmes et hommes souffrant d'insuffisance cardiaque asymptomatique démontre que la spiritualité et la gratitude sont associées au bien-être. Pourtant, la piété, un sentiment d'attachement fait de tendresse et de respect associé à la spiritualité et aux religions, reste souvent critiquée dans nos sociétés occidentales contemporaines. Dans cette recherche, les patients qui disaient ressentir de la gratitude avaient un meilleur sommeil, une fatigue réduite et des tendances dépressives moindres, ainsi qu'une meilleure auto-efficacité à maintenir les fonctions cardiaques. D'un point de vue physique, les patients exprimant plus de gratitude souffraient également moins d'inflammations.

---

[2] Spirituality in Clinical Practice, *American Psychological Association*, 2015, Vol. 2, N° 1, 5-17.

SPENDING TIME WITH
MY PARENTS & FRIENDS

laughing with
my sister

SUNSHINE ON WHITE
SHEETS

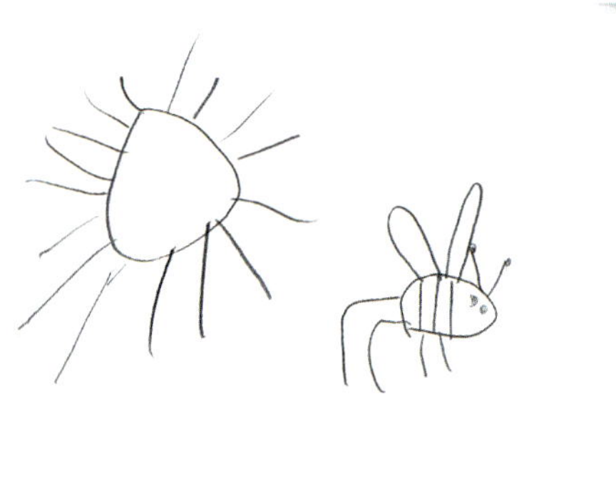

Quand je plonge dans mon bain et que la température de l'eau est idéale.

Certains des carnets du projet *Épistolaire Imaginaire* (2014-2017), avec des souvenirs de moments de bonheur simple partagés sous forme de mots ou de dessins, en différentes langues, par les visiteurs des expositions de Tokyo, Los Angeles, Londres et Strasbourg.

Certains de ces souvenirs figurent dans cet ouvrage, orientez-le à 90 degrés pour les découvrir au fil des pages.

FABRIQUER UN CARNET

Créer un carnet à la main, y noter des souvenirs heureux et prendre le temps de penser à ces beaux moments.

MATÉRIEL

- une règle
- un crayon
- une paire de ciseaux
- un morceau de carton ou un sous-main
- un plioir (recommandé mais facultatif)
- 2 à 8 trombones (plus vous utiliserez de trombones, plus l'assemblage du carnet sera précis)
- 5 à 18 feuilles de papier de la même taille (de différentes couleurs, tons et épaisseurs)
- une aiguille (une aiguille de reliure est recommandée, mais une aiguille à coudre assez épaisse peut convenir)
- un poinçon de reliure (si vous n'en possédez pas, utilisez votre aiguille avec précaution)
- du fil (n'hésitez pas à créer des carnets avec différents types de fil, en utilisant ce que vous trouvez chez vous)

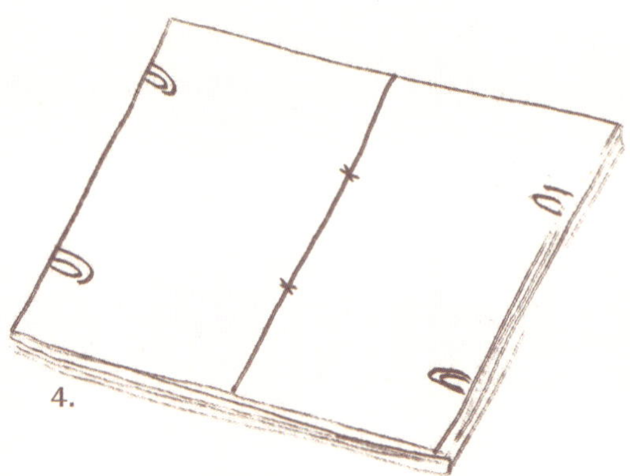
4.

ÉTAPES

1. Empilez soigneusement vos feuilles en plaçant la feuille que vous souhaitez utiliser pour la couverture au bas de la pile.

2. Placez les trombones le long de la pile pour maintenir les feuilles en place. Faites attention à ce que rien ne dépasse pour avoir un carnet le plus droit possible.

3. À l'aide de votre règle et de votre crayon, tracez une ligne légère au milieu de la feuille qui se trouve au sommet de la pile.

4. Faites 2 trous sur cette ligne. Afin de trouver leur emplacement, mesurez la ligne et divisez ce chiffre par 3. Pour une ligne de 15 cm, par exemple, vous obtiendrez 5. Le chiffre que vous obtiendrez, ainsi que son double, vous serviront de repères pour placer les 2 trous (soit 5 et 10 pour 15 cm). Partez du haut de la ligne et marquez vos deux points au crayon.

5. Placez un sous-main ou un morceau de carton sous la pile de papier, cela vous évitera d'endommager votre surface de travail. Avec le poinçon, ou une aiguille épaisse, faites un trou net à chaque emplacement marqué au crayon, et traversez toute la pile.

6. Coupez environ 30 cm de fil, il vous permettra de faire un joli nœud à la fin. Enfilez une aiguille avec un seul brin de fil, sans faire de nœud.

7. Passez l'aiguille enfilée dans le premier trou en commençant par l'intérieur si vous souhaitez une reliure nette depuis l'extérieur du carnet, ou par l'extérieur si vous souhaitez une reliure visible depuis la couverture du carnet. Ne faites pas passer tout le fil.

8. Passez l'aiguille enfilée dans le second trou. Les deux extrémités du fil se trouvent à présent face l'une à l'autre. Attachez-les de manière à réaliser un nœud bien serré sans pour autant plier le papier.

9. Ôtez les trombones placés de part et d'autre de la pile de papier.

10. Pliez la pile de papier relié en 2 en longeant la ligne tracée au crayon. Si vous en possédez un, utiliser un plioir afin de faire un pli bien net (le dos d'une cuillère fait aussi l'affaire).

11. Ajustez votre carnet en sectionnant les fils ou en réalisant un joli nœud.

12. Utilisez votre nouveau carnet pour y inscrire vos souvenirs de bonheur ou pour tout autre usage utile ou qui vous détendra.

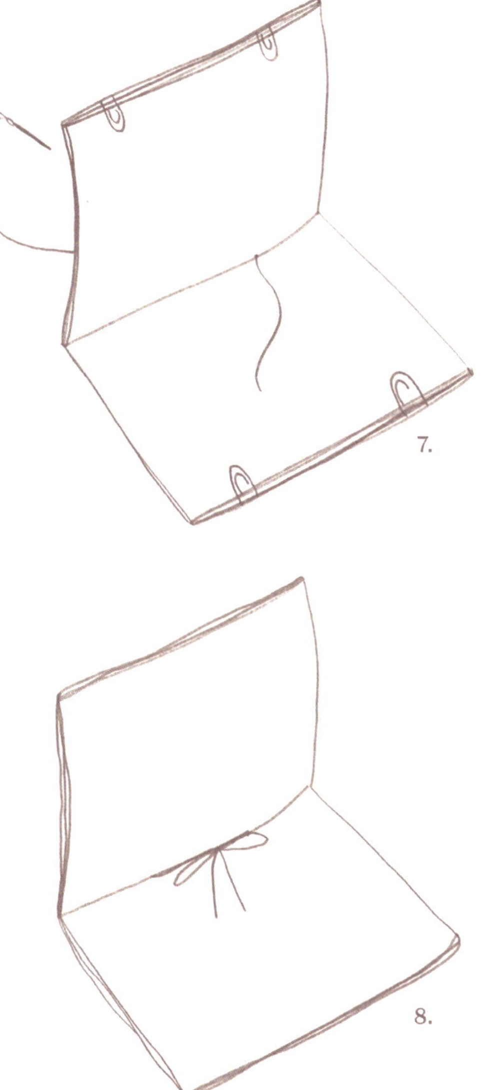

À partir de 20 feuilles, il devient souvent ardu de créer manuellement un carnet qui restera bien plat une fois assemblé. Si vous utilisez du papier épais, je vous recommande de vous en tenir à moins de 10 feuilles. Pour savoir combien de pages possédera votre carnet, multipliez par 2 le nombre de feuilles que vous utilisez (si vous utilisez 10 feuilles, votre carnet comportera 20 pages). De la même manière, si vous souhaitez un carnet de 16 pages, divisez ce nombre par 2 et vous obtiendrez le nombre de feuilles à utiliser, soit 8.

ALLER PLUS LOIN

Pour les pages de votre carnet, vous pouvez utiliser du papier que vous avez vous-même fabriqué (*cf.* activité p. 106). En guise de couverture souple, utilisez un tissu teint avec vos rebuts végétaux (*cf.* activité p. 90).

II

Chérir le tout

Le jardin est un univers à part, source de nourriture, de médecine et de plaisir pour le corps et l'esprit. C'est un organisme vivant, en activité constante à chaque heure du jour ou de la nuit, peu importe sa taille. Avec la multiplicité de ses formes de vie, il invite à la rêverie et la poésie.

Grâce à ma famille paternelle, le jardinage constitue une partie de mon quotidien depuis mon enfance. Au travers de l'observation de plantes, notamment en remarquant leurs manières de s'adapter et de coexister, j'apprends d'elles, autant que des humains. Lorsque je jardine, je prête toute mon attention à mes gestes, des pensées parcourent mon esprit à un rythme apaisant. Pas le genre d'idées interférentes qui peuvent arriver ailleurs, mais des pensées qui élargissent mon horizon.

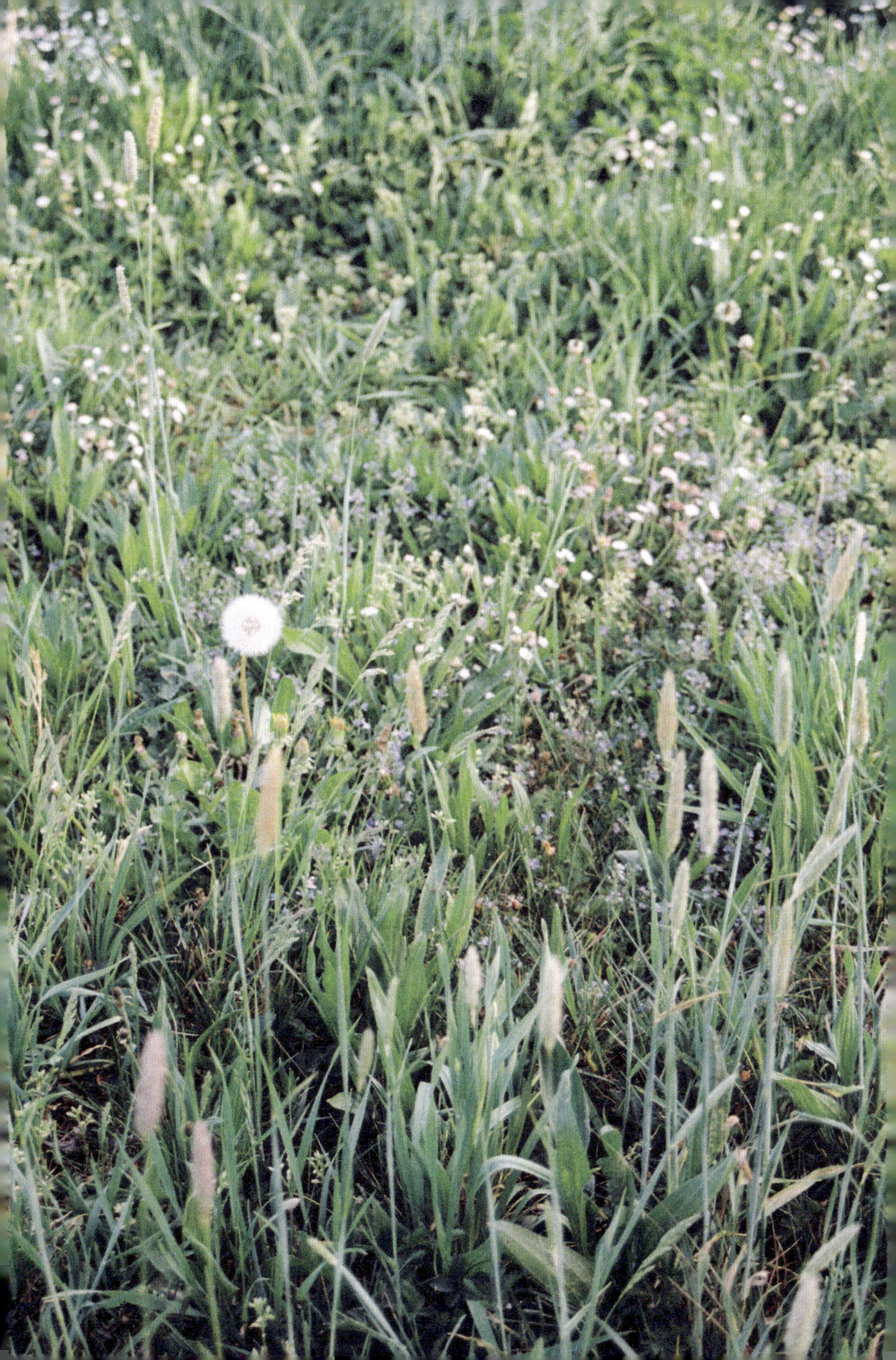

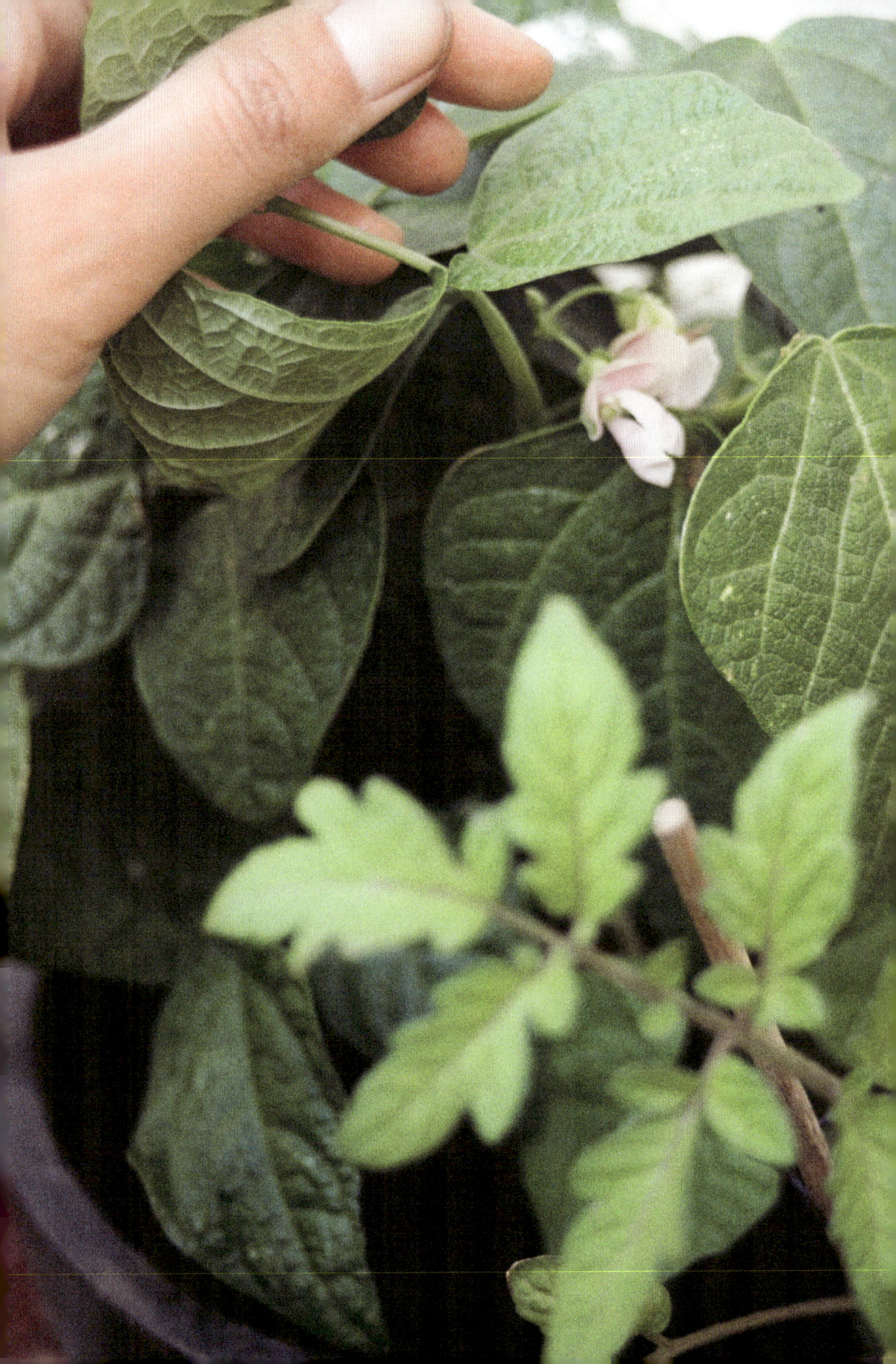

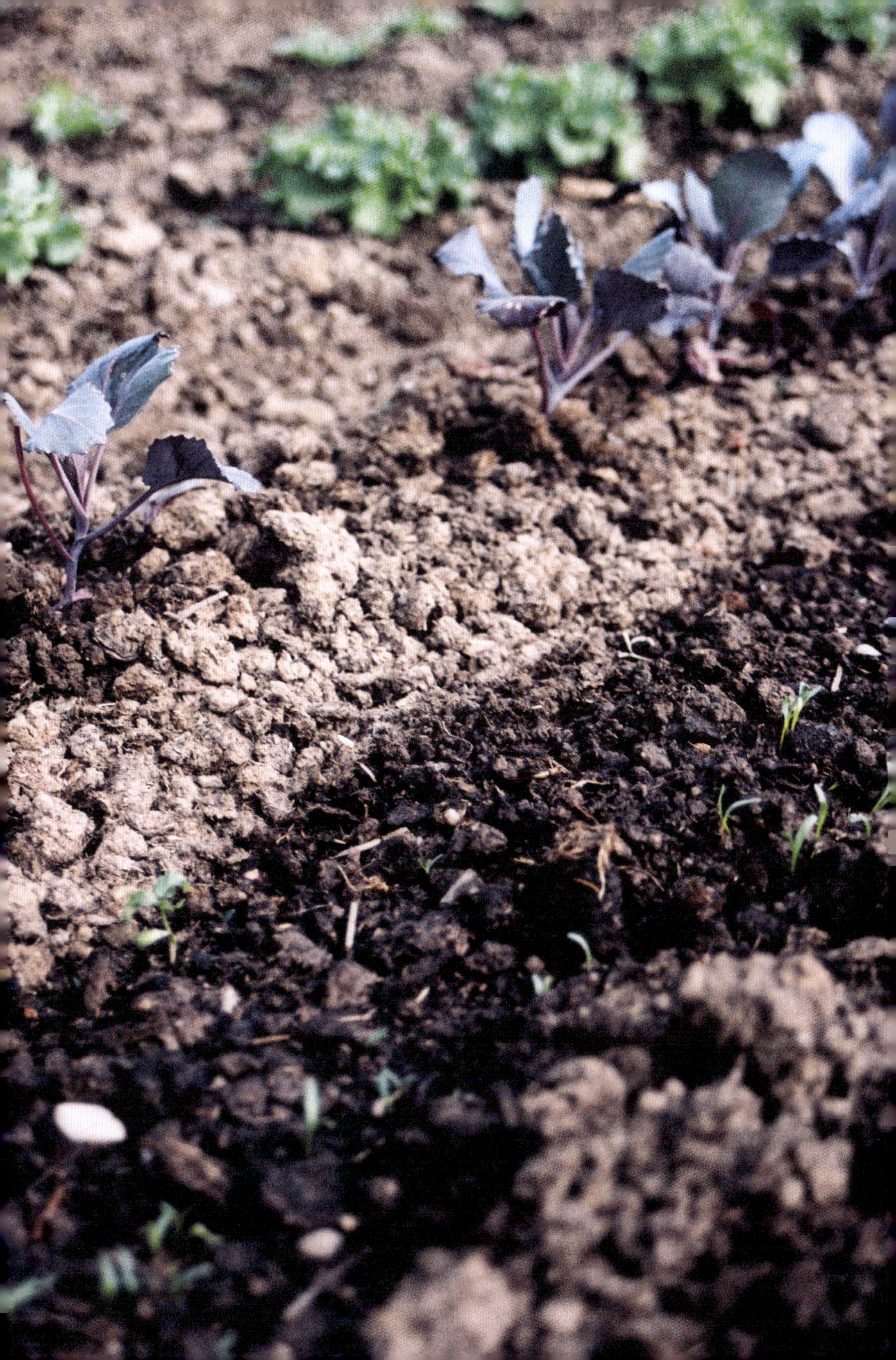

C'est quand je voyage en famille.
FLORA, ENFANT, STRASBOURG.

Un jardin est un espace dont l'échelle de référence est l'humain. Il est conçu, centré et pensé *pour* l'humain. Il me semble qu'un jardin est un espace d'invitation à l'apprentissage de la compassion et de la gratitude. C'est également une source d'alimentation pour les non-humains, et les jardiniers peuvent encourager ce partage par le choix de plantes dans leurs espaces temporaires — j'emploie à dessein le terme *temporaire*, car rien n'est réellement nôtre. Je pense aux zones dans lesquelles je jardine comme une sorte de Langar pour les insectes. Dans le sikhisme (l'une des grandes religions de l'Inde), un Langar est la cuisine communautaire du temple. Un Langar sert des repas gratuitement quasiment toute la journée; il accueille tout un chacun sans distinction de religion, de genre, de statut social, de sexualité ou d'ethnicité. J'aspire à ce que les jardins que j'occupe soient aussi accueillants et généreux que cette pratique indienne centenaire. En tant que jardinière, je tente de ne pas oublier que je suis à mon tour une sorte de colonisatrice des sols, et je souhaite minimiser mes traces et mon impact.

Le jardinage présente de nombreuses vertus, au-delà de la possibilité de délicieuses récoltes. Se dépenser physiquement et réduire son stress en sont des exemples. Diverses études partagées par la RHS (*Royal Horticultural Society*) témoignent de réductions significatives de dépression et d'anxiété, ainsi que d'une amélioration de la vie sociale des personnes qui jardinent. Les recherches des universités de Tokyo au Japon et d'Exeter en Angleterre apportent également des preuves concrètes des effets positifs de l'horticulture sur la santé. Le jardinage peut aussi contribuer à prévenir le déclin cognitif et à apprendre la responsabilité dès l'âge le plus tendre (soulignons qu'être responsable ne signifie pas contrôler: les enfants jardiniers peuvent apprécier la collaboration et s'impliquer dans les communautés qui les entourent).

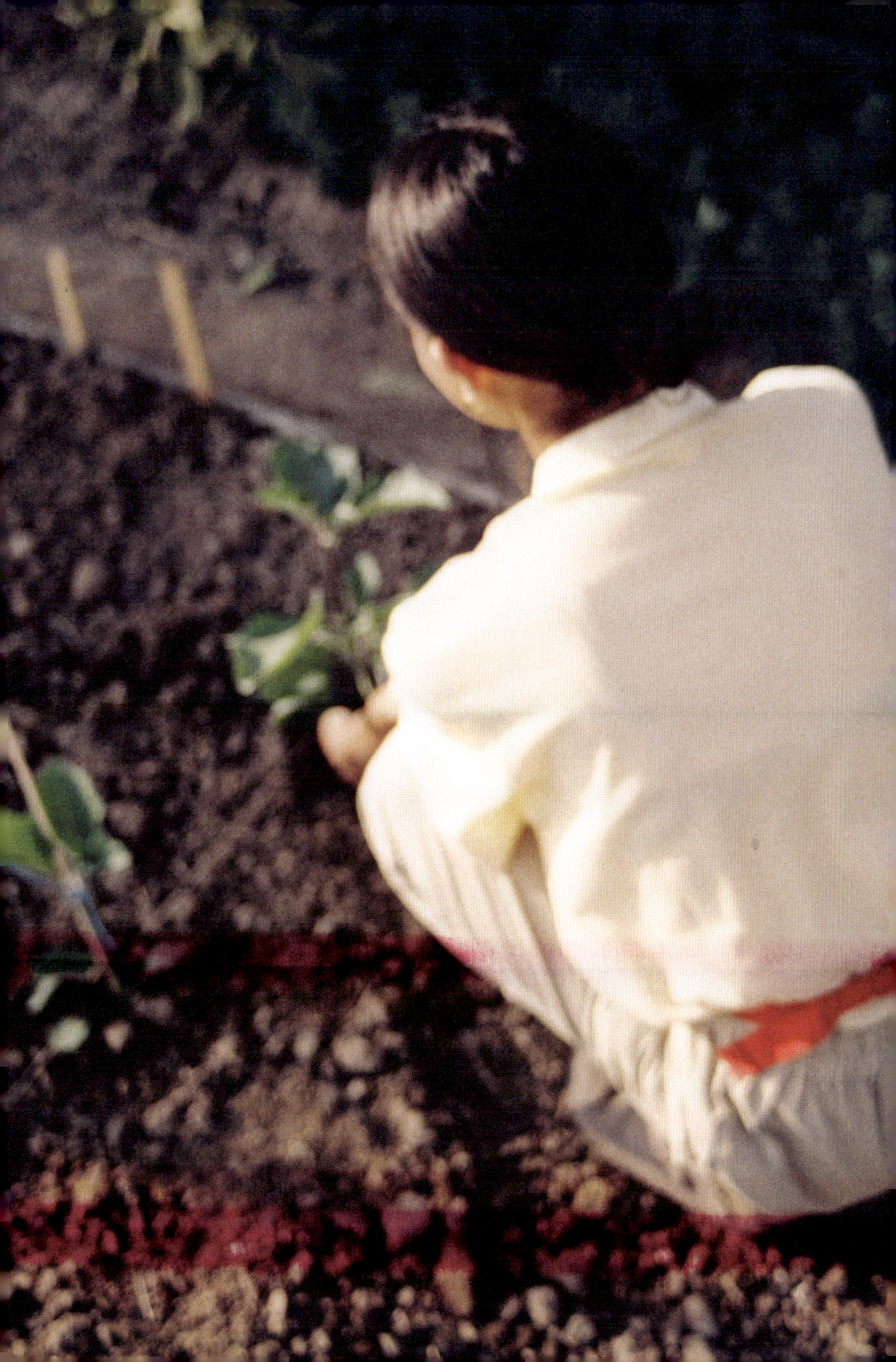

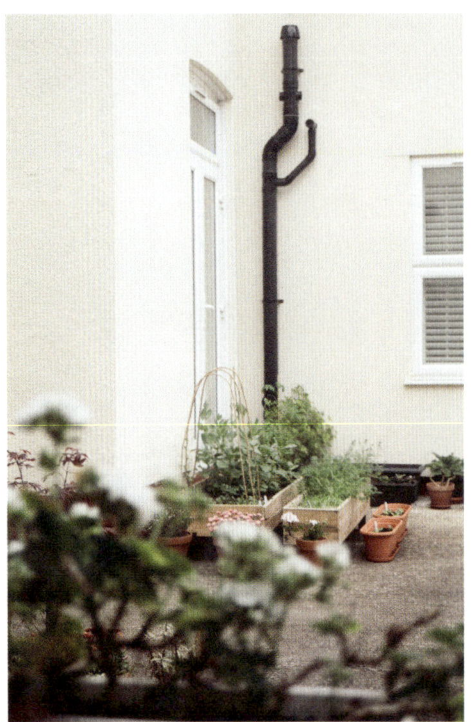
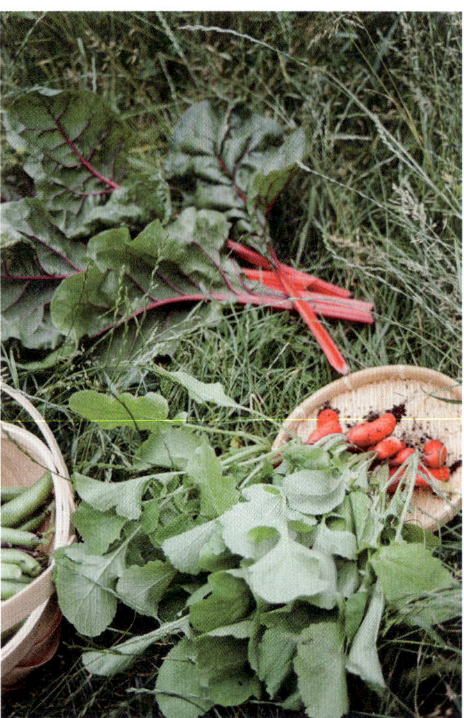

Découverte du jardinage en ville

Avec mes trois nièces, ainsi qu'un neveu, nous avons créé un petit groupe de jardinage informel. À l'époque, tous les enfants avaient moins de 10 ans. Je vivais dans l'une des banlieues résidentielles de Londres. Dans cet environnement urbain densément peuplé, nous entretenions un jardin partagé, fait de fines bordures près des habitations, avec un nombre considérable de pots et de contenants réutilisés ou fabriqués à partir de palettes. C'est là que des plantes, comestibles et ornementales, ont grandi au fil des saisons. Presque chaque semaine, nous plantions des graines, des bulbes, ou nous nous occupions d'une partie du jardin. Ensemble, nous n'avons craint ni les insectes, ni le froid, ni le goût d'un nouveau légume. Notre plaisir de ces moments partagés, ainsi que notre admiration constante devant le vivant, étaient immenses. J'ai alors compris que le jardinage conservait en vie l'enfant en moi.

Avoir mon chat qui m'accueille à la fenêtre du salon après trois semaines au Japon.
ANONYME, LOS ANGELES.

Sentir les 72 micro-saisons

Lors du premier confinement de 2020, j'étais en Alsace avec mes parents dans le petit village où j'ai grandi. Jardiner avec mon père dès mars m'a aidée à me remettre des mois turbulents et douloureux qui ont suivi le décès soudain d'une de mes proches. Le jardinage contribuait à m'aider à surmonter mon chagrin et à guérir mon âme. Peu de temps après mon retour en Angleterre, je me suis inscrite à une formation à distance en horticulture ; la première session traitait du jardinage thérapeutique et social. Je savais que j'allais accorder plus de place au jardinage, aux plantes vivantes et au sol dans ma pratique et mon travail. C'est cette énergie qui m'a amenée à imaginer et à fonder *The Gardening Drawing Club.*

À travers le jardinage, nous apprenons les saisons, les micro-climats et les micro-saisons. Je fus étonnée d'apprendre que le calendrier japonais classique contient 72 micro-saisons. Au moment où j'écris cette partie du livre, je me trouve dans *Shosho* (chaleur dite gérable) et plus particulièrement dans *Kokumono sunawachi minoru*, qui fait référence au riz qui mûrit. Je n'ai pas de rizière dans mon jardin, mais cela ne m'empêche pas de me sentir plus connectée aux saisons et je prends note du changement climatique plus rapidement.

Certains agriculteurs et agricultrices dépendent de leurs récoltes pour se nourrir et font face aux effets du changement climatique plus rapidement que la majeure partie des Européens.

Or, nous pouvons minimiser notre empreinte carbone en fonction de nos méthodes de jardinage, et pour certains, aller vers l'autonomie alimentaire. Même si beaucoup d'entre nous bénéficient du privilège de jardiner tout en ne dépendant pas uniquement de leurs récoltes pour se nourrir, il est important de ne pas oublier que ce n'est pas la condition de tous.

Un matin très tôt, tu m'as apporté mes chaussures en haut.
ANONYME, LONDRES.

Moins et mieux

En tant que jardiniers privilégiés, nous détenons la responsabilité de jardiner en pleine conscience, ne pas devenir accro à la consommation en achetant des plantes à un rythme effréné, à la manière des vêtements de *fast fashion*. Si vous achetez des plantes plutôt que de les faire pousser à partir de graines, veuillez acheter moins et mieux, c'est-à-dire local et produit dans des conditions respectueuses des humains et de la planète. Je vous invite à ne pas acquérir plus de plantes que celles dont vous pouvez vous occuper.

Je vous encourage également à découvrir la pratique de la conservation des semences. S'intéresser aux graines, c'est fortifier et encourager notre souveraineté semencière, tout en protégeant du brevetage le vivant ; c'est reconquérir les semences comme un bien commun. Il s'agit des droits des agriculteurs de reproduire et d'échanger diverses semences libres qui peuvent être conservées sans être brevetées, génétiquement modifiées, détenues ou contrôlées par les géants capitalistes des industries semencières. Des communautés de jardiniers existent en tant que banques vivantes de semences, qui se rassemblent lors d'événements tels que des échanges de graines. Je participe régulièrement à des trocs de semences et je repars toujours enthousiaste d'avoir échangé conseils, expériences et précieuses graines. Tisser des réseaux avec d'autres jardiniers permet de progresser dans sa pratique et de faire des rencontres nourrissantes.

Une abondance de savoirs

Il existe une multitude de méthodes et d'approches du jardinage ; même avec un état d'esprit positif, cela peut s'avérer étourdissant. Je vous encourage à en apprendre plus au sujet des cinq approches suivantes, toutes écologiques :

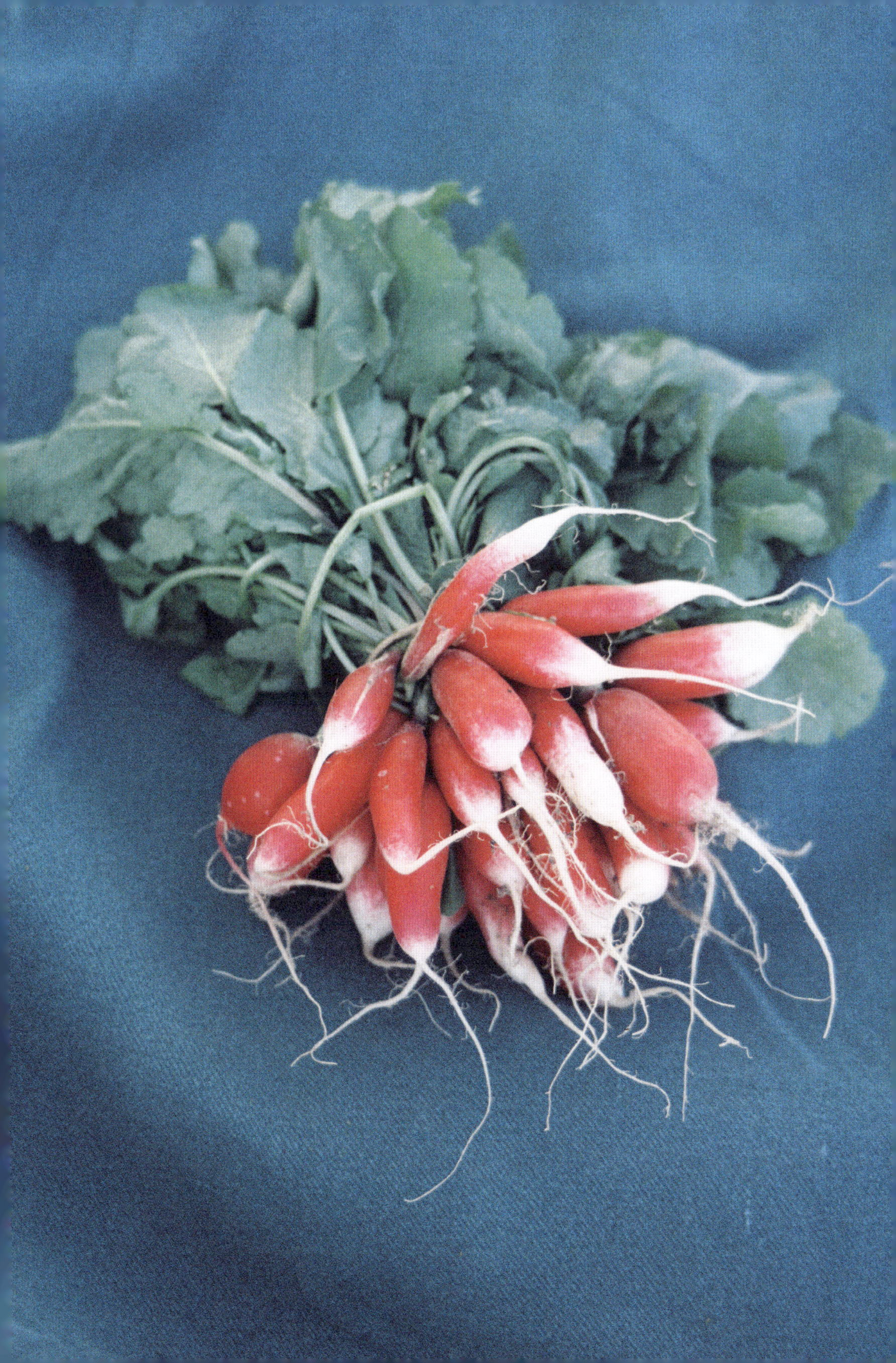

Quand je me réveille sans avoir à me soucier de devoir travailler.
SUMIK, TOKYO.

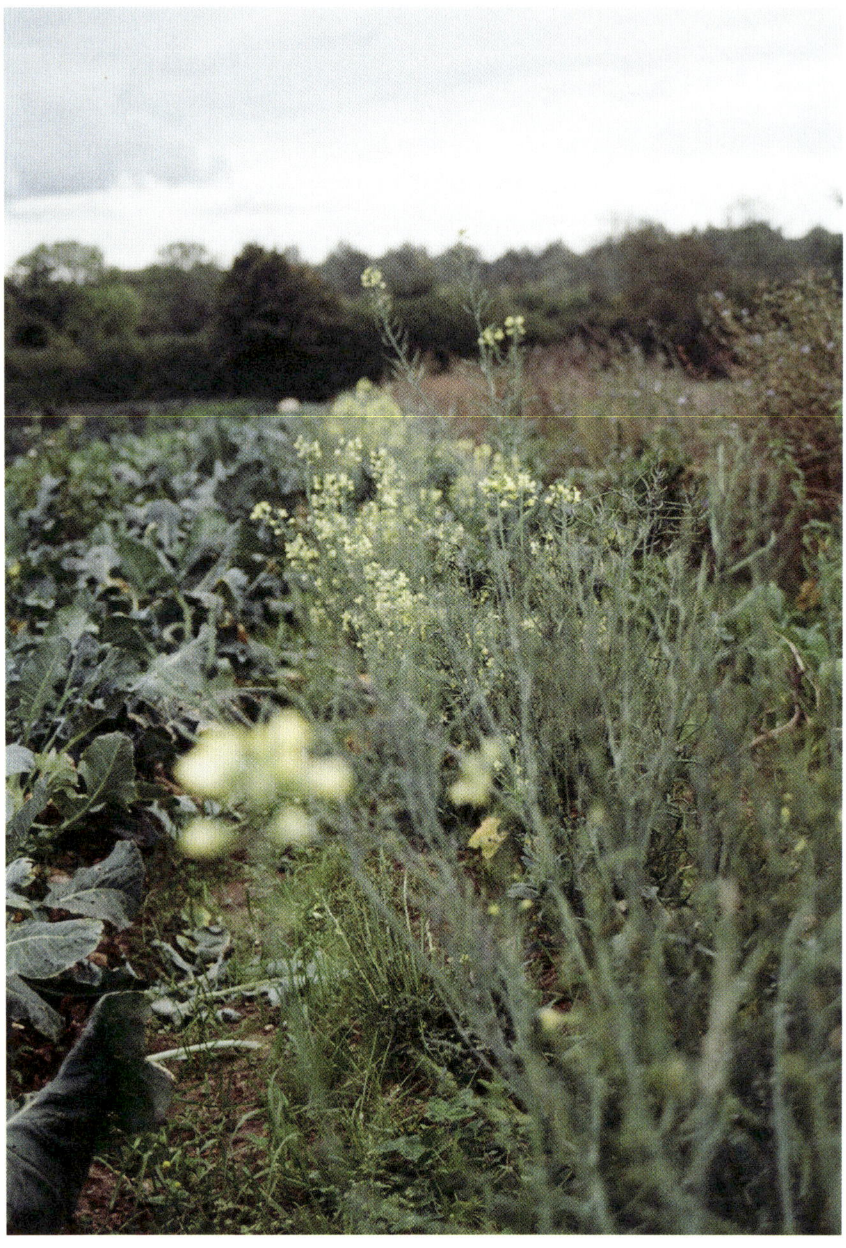

CI-DESSUS : photographie prise en octobre 2021 sur les terres d'une ferme végane dans la région d'Oxfordshire au Royaume-Uni. Ici, pas de désherbage une fois que les plantes sont établies, ce dont bénéficient la santé du sol, l'écosystème, le goût, ainsi que la santé des plantes. À DROITE : l'un des jardins de mon père en Alsace.

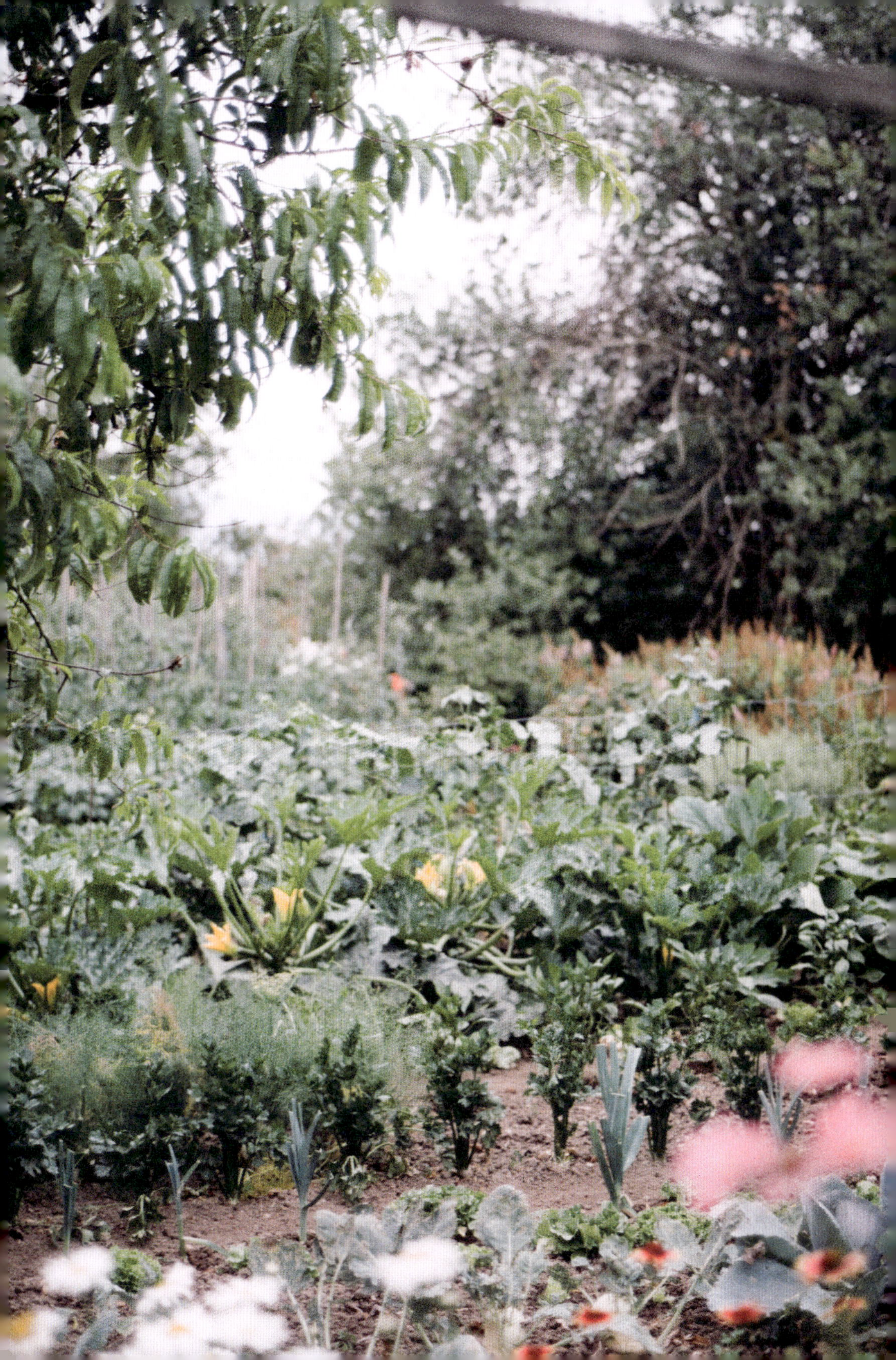

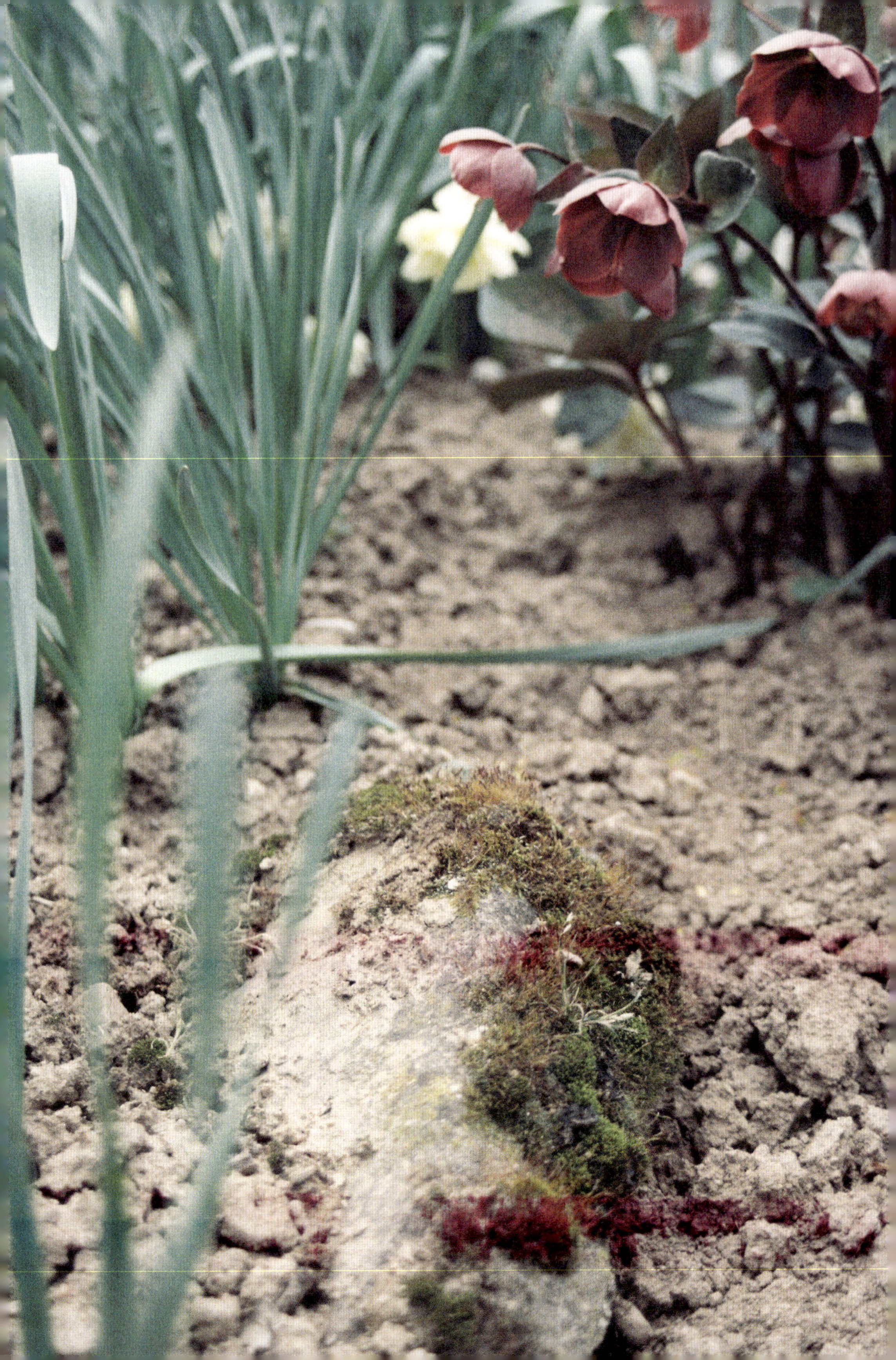

La permaculture s'inspire de la nature afin de développer des systèmes en synergie. Elle est fondée sur la diversité des cultures, l'inclusion d'espèces indigènes, la résilience et le non-travail du sol en profondeur. C'est un ensemble de concepts qui va au-delà de l'agriculture, une discipline holistique tout comme les autres méthodes présentées ici. Le but serait de bâtir une communauté visant au bien-être individuel et collectif.

La biodynamie est une approche dite ésotérique, puisqu'elle accorde une importance aux rythmes de la nature et à l'influence des astres, particulièrement des cycles lunaires. Selon le rythme de la Lune, certains moments sont appréhendés comme opportuns pour la semence, le soin et la récolte de différents types de plantes, classées par catégories.

Vegan ou veganic, combinaison des termes *organic* (« biologique » en anglais) et *vegan*, également connue sous le nom de *stock-free farming*. Dans cette méthode, aucun apport animal volontaire ; cela revient à ne pas utiliser d'engrais ou de compost animal ni à faire travailler les animaux en les asservissant. En effet, ce type d'engrais incluant sang et os provient souvent d'abattoirs. Ces apports détruisent les écosystèmes, les excréments d'animaux d'abattoir étant souvent remplis d'antibiotiques. Pour ceux qui souhaitent pratiquer la compassion envers le vivant, cette forme de jardinage et d'agriculture est parfaite, car elle ne contribue pas à la cruauté animale.

Le jardinage par soustraction invite à éveiller les graines qui dorment en terre. Aucune plante n'est ainsi vue comme invasive. On retire des sols uniquement les plantes qui peuvent nuire à la croissance et au bien-être de celles qu'on souhaite garder. Cette démarche, mise en avant et théorisée par Gilles Clément en France, revalorise les flores locales et le *faire avec* plutôt que *contre*.

L'agriculture naturelle japonaise. Sous cette appellation, je regroupe un ensemble de méthodes théorisées au Japon préconisant de limiter les interventions humaines sur les plantes. D'un point de vue pratique, selon Masanobu Fukuoka : pas de labourage, pas d'engrais, pas de sarclage,

Les senteurs vertes. Le soleil sur mon visage. Plonger mes mains dans la terre chaude. Semer des graines.

ANONYME, LONDRES.

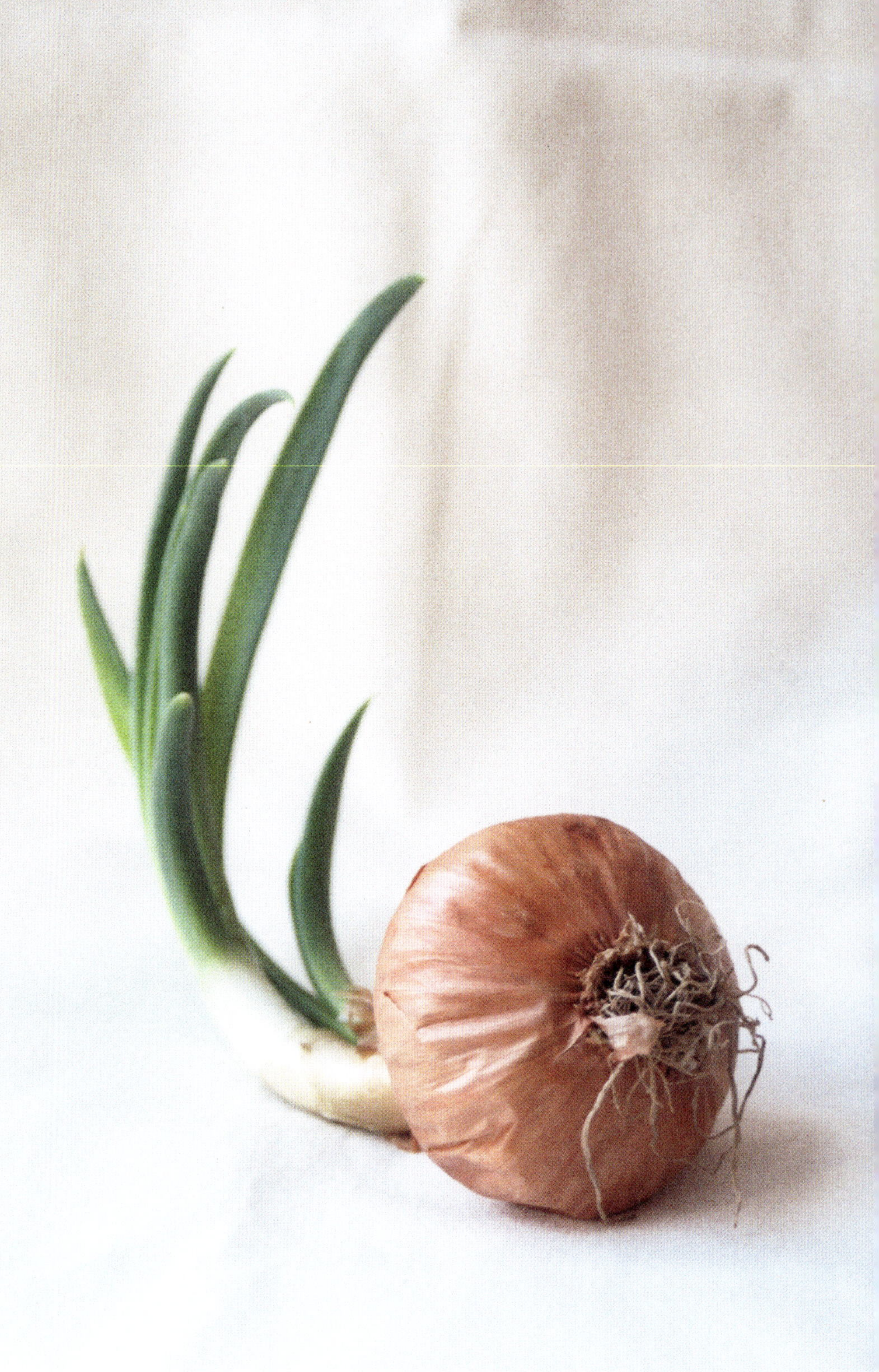

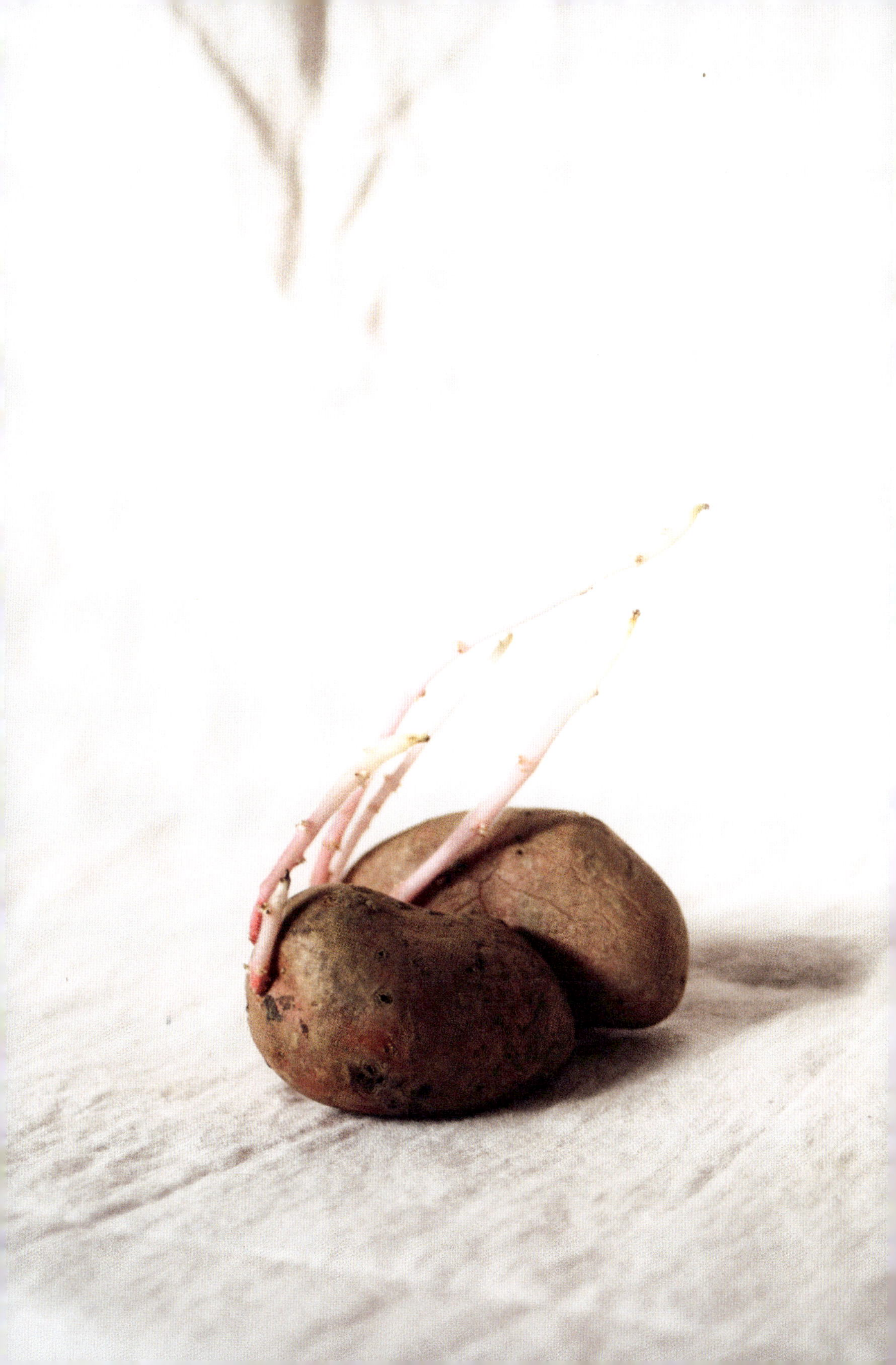

pas de pesticides et pas de taille. Selon les mêmes principes, le naturaliste et philosophe japonais Mokichi Okada, dans les années 1930, fonda le « *Nature Farming* ». Okada et Fukuoka ont travaillé en parallèle à la même période bien que Fukuoka soit plus connu en France.

Je pratique dans mon jardin une agriculture *veganic* avec une influence de permaculture. Une partie de mes parcelles est également dédiée à l'agriculture naturelle japonaise, mais de manière *veganic*, car aucune poule sur mes parcelles — ce qui n'était pas le cas sur les terres qu'occupait M. Fukuoka.

Mes autres sources d'inspiration en matière de jardinage et d'agriculture sont les suivantes :

Mes grands-parents paternels et mon père (France), autonomes en fruits, légumes, noix et herbes. Ce sont eux qui m'ont de diverses manières instillé cet amour pour le vivant. Le plaisir, la joie et la curiosité ont toujours fait partie de cette approche, et ils m'ont également démontré, avec humour souvent, qu'il n'est jamais trop tard pour apprendre. Merci à tous les anciens de nous transmettre leurs savoir-faire !

Masanobu Fukuoka (1913-2008, Japon), philosophe et agriculteur à l'origine du mouvement de l'agriculture naturelle au Japon. Sa pensée est spirituelle et je me suis rapidement sentie à ma place dans ses mots.

Dan Pierson (Angleterre), paysagiste, horticulteur, écrivain et jardinier. J'admire la délicatesse et la poésie présentes dans son travail et ses mots, ainsi que le dévouement de ses projets et recherches.

Vandana Shiva (1952, Inde) possède cette énergie motrice l'amenant à être simultanément universitaire, militante écologiste, défenseuse de la souveraineté alimentaire, autrice écoféministe et altermondialiste accomplie. Elle prône une diversité basée sur l'interdépendance de la nature et de la culture. J'admire son courage et sa lutte, ainsi que ses références à des pratiques indiennes ancestrales.

Midori Shintani (Japon) est la jardinière en chef de *Tokachi Millennium Forest* au Japon. Ce lieu, qui incarne un courant récent du jardinage naturaliste, me fascine. Par une collaboration avec Dan Pierson, il unit les esthétiques et les pratiques horticoles de l'Orient et de l'Occident.

Jeong Kwan (1957, Corée) est une nonne bouddhiste Son et une cheffe végétalienne. Sa manière de jardiner sur les terres d'un ermitage, entourée d'arbres centenaires, laisse place aux insectes et aux cheminements du vivant. Sa force, sa vision inclusive de la beauté, la délicatesse et la douceur de sa détermination m'inspirent continuellement.

Iain Tolhurst (Angleterre) représente une figure essentielle du mouvement de l'agriculture biologique et veganic au Royaume-Uni depuis plus de 40 ans. Je visite fréquemment sa ferme, Tolhurst Organic, où les récoltes poussent côte à côte avec les espèces indigènes — connues sous l'appellation de mauvaises herbes.

Beth Chatto (1923-2018, Angleterre), créatrice de jardins et autrice, selon des schémas de plantation basés sur des principes écologiques et sa riche expérience. J'apprécie la curiosité qui anime sa pratique et son aspect pédagogique et collaboratif.

Monty Don (1955, Angleterre) est horticulteur et écrivain. J'admire son partage sincèrement enthousiaste de savoirs sur les plantes et le jardinage avec tout un chacun au travers des différents médiums qui constituent son travail : écriture et série télévisuelle de jardinage « Gardeners' World ».

Rappelez-vous : il n'y a pas d'espaces trop petits pour un jardin — votre jardin peut consister en seulement quelques plantes sur un coin de fenêtre. Osez essayer, c'est ainsi qu'on apprend. Rassurez-vous, on ne jardine jamais seul, il y aura immanquablement un ami sur le chemin, une plante, un insecte, une personne.

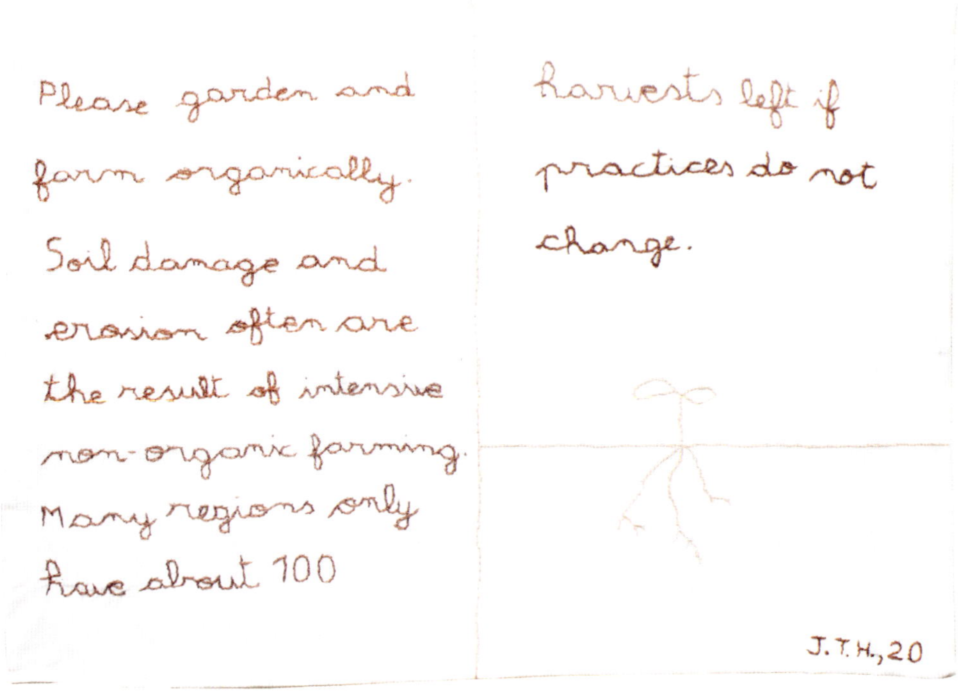

ci-dessus : broderie sur un rebut textile. En français : « Jardinez et maraîchez de manière biologique s'il vous plaît. L'érosion et l'appauvrissement des sols sont souvent le résultat d'une agriculture intensive non biologique. Beaucoup de régions n'ont plus que 100 récoltes si les pratiques ne changent pas ».

à droite : *Growing Memories* (*Faire pousser des souvenirs*).
Une peinture à l'huile sur une toile en lin avec un cadre en pin, inspirée de mes souvenirs en Alsace, 80 x 60 cm, 2021.

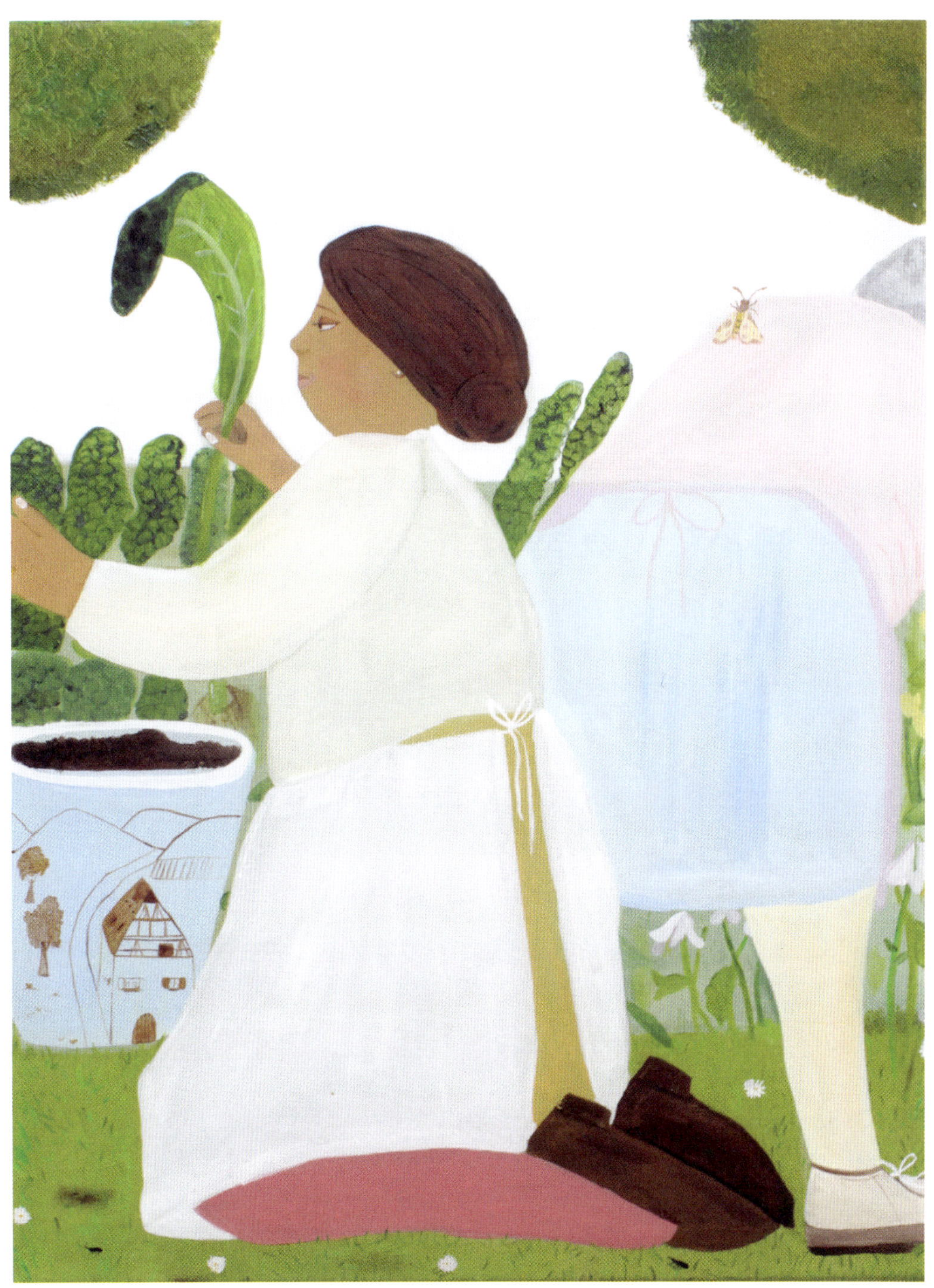

DESSINER DE MÉMOIRE

Dessinez de mémoire une sélection de fruits et légumes que vous connaissez et esquissez également les éléments qui leur sont associés: graines, feuilles, plantes.

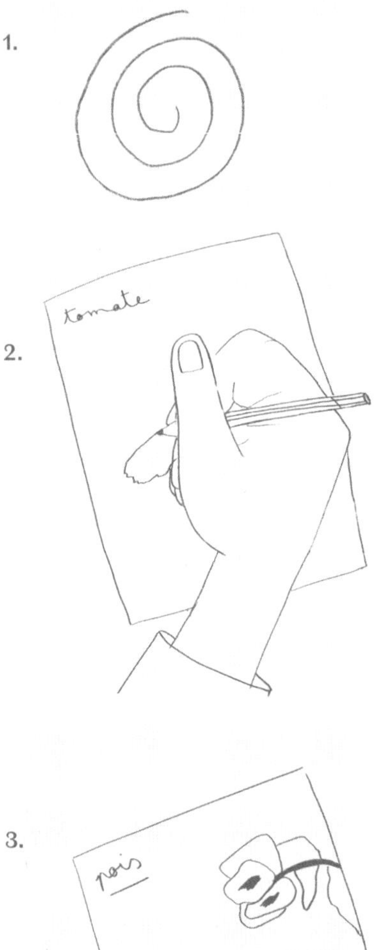

MATÉRIEL

- des feuilles de papier ou votre carnet de croquis
- des crayons de couleurs et votre matériel créatif

ÉTAPES

1. Asseyez-vous et détendez-vous. Laissez votre esprit vous guider dans vos souvenirs, ceux des jardins que vous avez visités, rappelez-vous des légumes, des herbes et des fruits que vous avez goûtés.
2. Sur une feuille de papier, inscrivez le nom du légume, de l'herbe ou du fruit que vous allez dessiner.
3. Dessinez le légume, l'herbe ou le fruit de votre choix. Représentez tout ce dont vous vous souvenez à son sujet: ses feuilles, ses graines, à quoi ressemble la plante. Ne vous inquiétez pas si cela est incorrect ou manque de détails.
4. Essayez de renouveler cette activité pour cinq à dix plantes comestibles.

4.

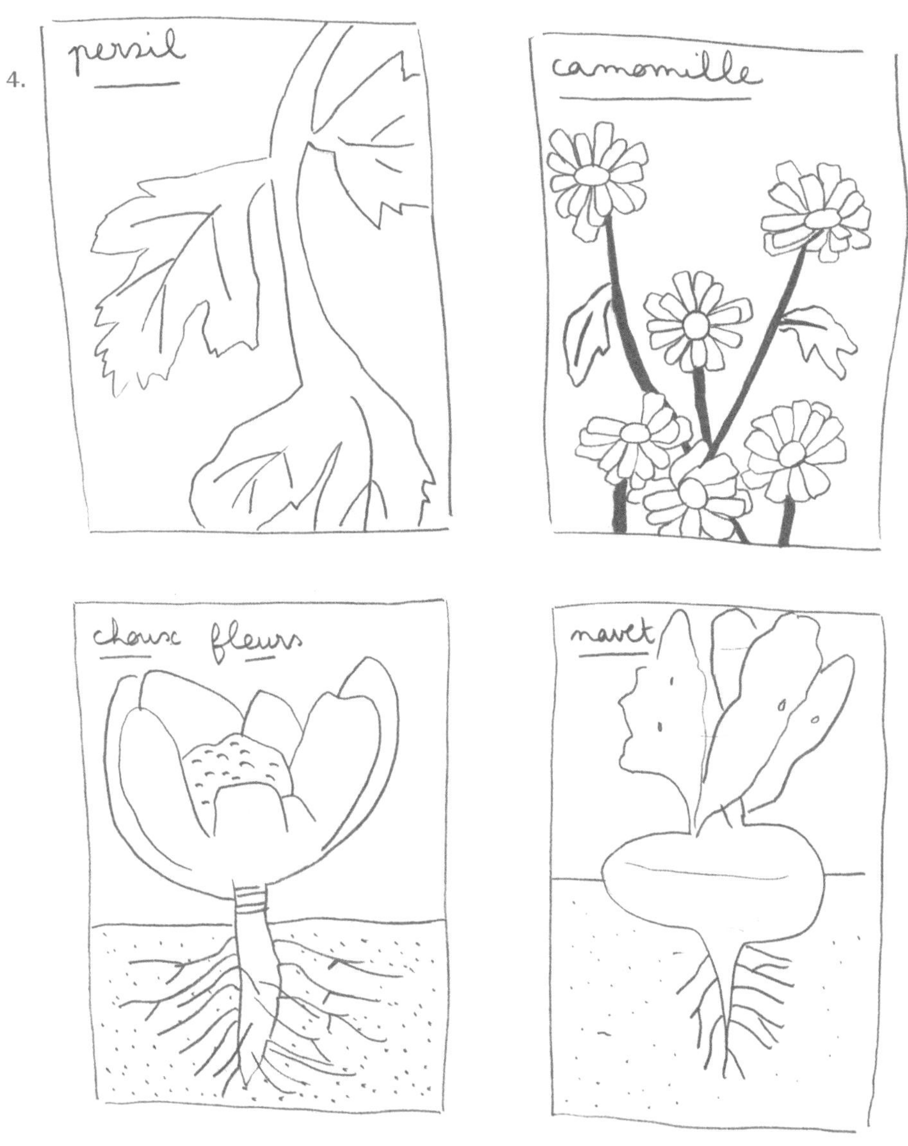

Je vous encourage à répéter cette activité la saison prochaine. Vous serez peut-être étonné par la quantité de plantes comestibles que vous connaissez. Et si ce n'est pas le cas, cette activité vous encouragera à élargir vos connaissances, à observer ces plantes de plus près, et peut-être aussi, par curiosité, à avoir une alimentation plus diversifiée.

FABRIQUER DES ENVELOPPES POUR CONSERVER LES GRAINES

Cette activité est inspirée des moments avec mes nièces et mon neveu.

MATÉRIEL

- des morceaux de papiers brouillons (format approximatif min. A6, max. A5)
- du ruban adhésif (je préconise ceux en papier pour éviter le plastique)
- des crayons de couleurs et votre matériel créatif
- une paire de ciseaux
- les graines que vous avez récoltées ou des graines dont on vous a fait cadeau

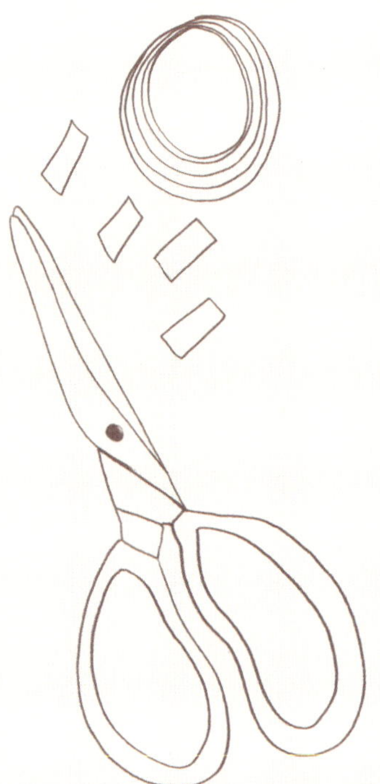

ÉTAPES

1. Prenez votre feuille de papier et pliez-la en deux en suivant le côté le plus long.
2. Pliez les côtés (gauche et droit) ensemble deux fois.
3. Coupez deux petits morceaux de papier adhésif et collez les côtés de manière à créer une enveloppe.
4. Inscrivez sur l'enveloppe le nom du type de graines que vous placerez à l'intérieur ; vous pouvez également inclure des informations telles que l'année de leur récolte et pourquoi vous aimez cette plante. Notez peut-être l'ensoleillement dont a besoin la plante, la période à laquelle il faut la semer, ses besoins en eau et le type de terre qu'elle aime.
5. Décorez l'enveloppe avec vos dessins.
6. Placez les graines à l'intérieur et fermez l'enveloppe avec un morceau de ruban adhésif.

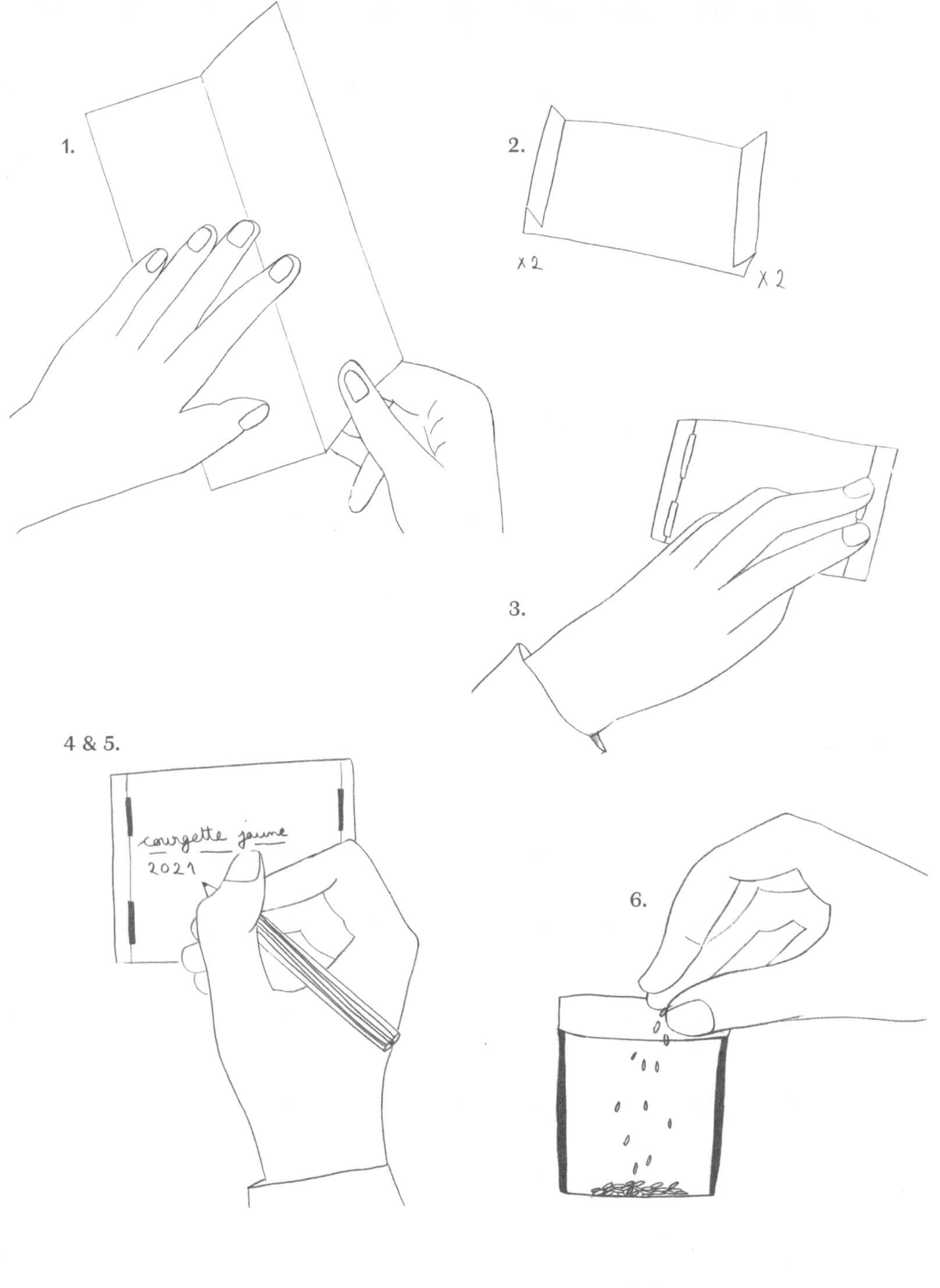

Le meilleur moyen de conserver ses semences pour une bonne durée est de les stocker dans un endroit frais, sec et à l'abri de la lumière.

SEMER DES GRAINES

Cette activité pose les bases pour des semis réussis. C'est essentiel si vous débutez en jardinage.

MATÉRIEL

- du terreau : je vous encourage à éviter ceux qui contiennent de la tourbe, une ressource non renouvelable. Protégez les tourbières grâce aux nombreuses alternatives qui existent, comme un compost maison
- des graines de camomille et de tomate : je recommande l'utilisation de semences biologiques à pollinisation libre. Je vous invite à éviter les hybrides (F1 ou F2 accompagne souvent, dans ce cas, le nom sur le paquet)
- des petits pots et des soucoupes. Si vous votre consommation alimentaire inclut des emballages en plastique, vous pouvez recycler de manière créative vos contenants, par exemple, en utilisant des pots de yaourt ou des plateaux à champignons. Lavez-les et utilisez des ciseaux pour créer des trous de drainage au fond en toute sécurité
- un crayon ou un plantoir
- un arrosoir (ou carafe) et de l'eau

ÉTAPES

1. Ils doivent être remplis jusqu'à 1 à 2 cm du bord. De cette manière lorsque vous arroserez, la terre ne débordera pas du pot. Ne tassez pas le terreau, il est important que cela reste bien aéré.
2. À l'aide du dos d'une cuillère, d'une baguette ou d'un plantoir, faites un trou d'environ 1,5 cm dans le terreau. La profondeur recommandée varie en fonction des graines de votre choix ; si vos graines sont issues du commerce, cette information figurera sur le paquet.
3. Placez une graine par pot (s'il est petit) et un total de 6 graines espacées de manière égale si vous utilisez un plateau.
4. Recouvrez délicatement avec du terreau et placez une soucoupe sous votre pot.
5. Arrosez en douceur, si possible avec un pommeau, pendant quelques secondes et placez vos pots dans un endroit ensoleillé.

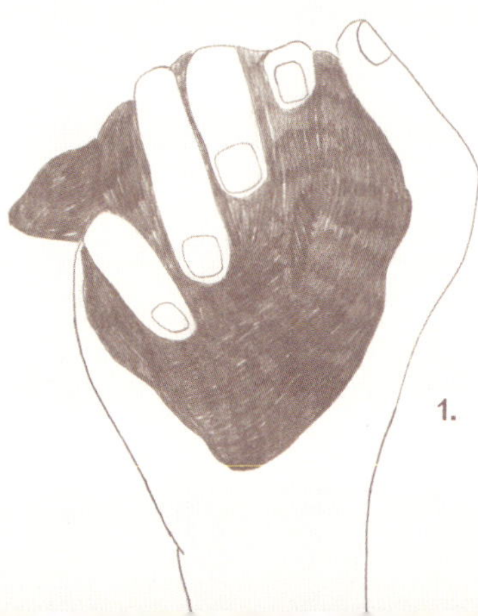

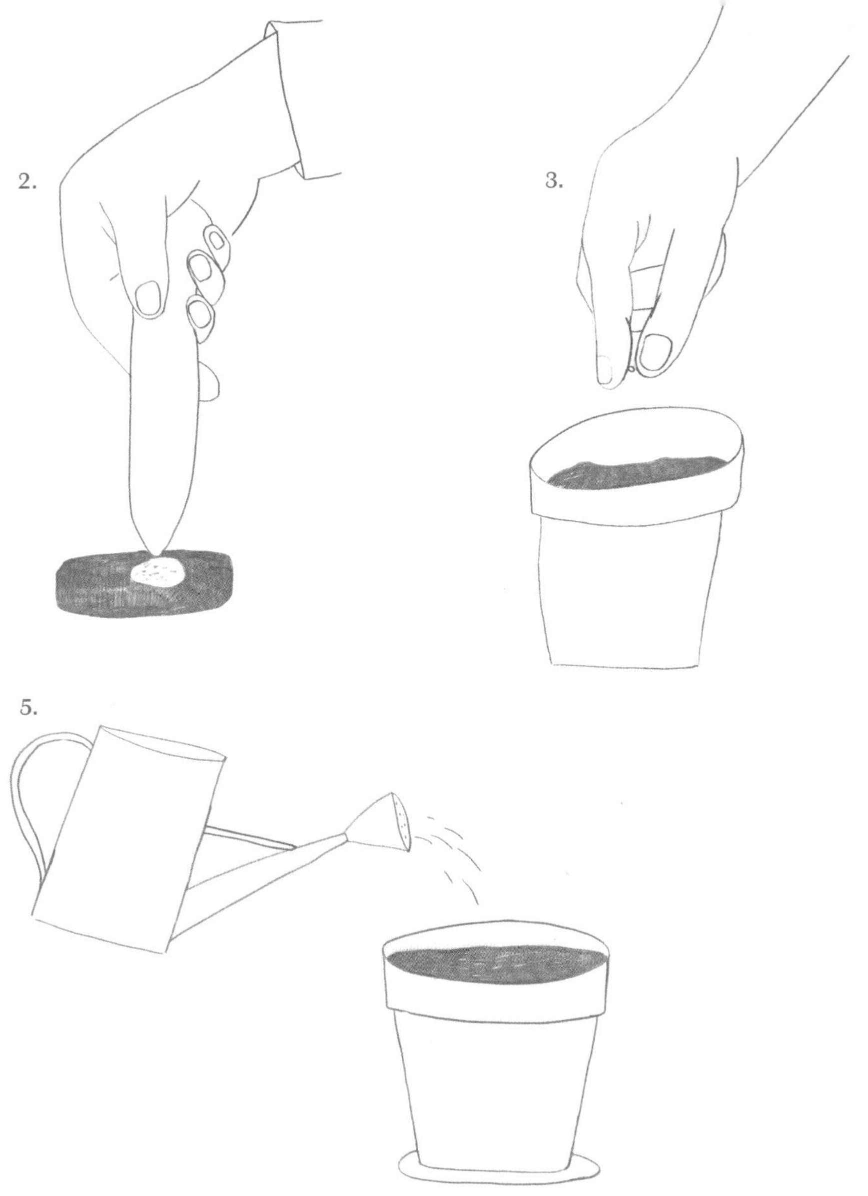

Le meilleur moment pour démarrer les plants de tomates à l'intérieur est de mars à avril. Le meilleur moment pour les camomilles est de mars à mai. Je recommande d'utiliser les graines de camomille romaine (*Chamaemelum nobile*) ou de camomille allemande (*Matricaria recutita*). Je propose d'élever des plants de tomates et de camomille, car ils sont relativement simples à cultiver ; bien que cela soit un début encourageant pour les jardiniers novices, je suis sûre qu'ils restent appréciés par les plus expérimentés. Ils peuvent être cultivés à l'intérieur et à l'extérieur, les rendant adaptés à ceux qui n'ont pas accès à un espace en plein air. Les fleurs de vos plants de camomille peuvent être récoltées et utilisées dans les activités proposées dans les chapitres 3 et 4.

III

Thé, tisane: un moment de grâce et de partage

Il y a tout un monde dans le thé ; il est vaste, chaleureux et multiple. Mon intérêt et ma curiosité pour les cultures autour du thé, notamment dans les sociétés contemporaines, m'ont amenée à l'idée du *Journal du Thé*, que j'ai concrétisé avec l'aide de mon ami Tilmann S. Wendelstein en 2018. La série de magazines est semblable à des amis, nouveaux et de longue date, se réunissant et partageant du temps autour d'une théière pendant une après-midi, un rassemblement au rythme doux et en mouvance constante, par ses contributeurs et les sujets abordés. On m'a plus d'une fois appelée la « *tea lady* » (dame du thé), je suis simplement une passionnée, curieuse et enthousiaste.

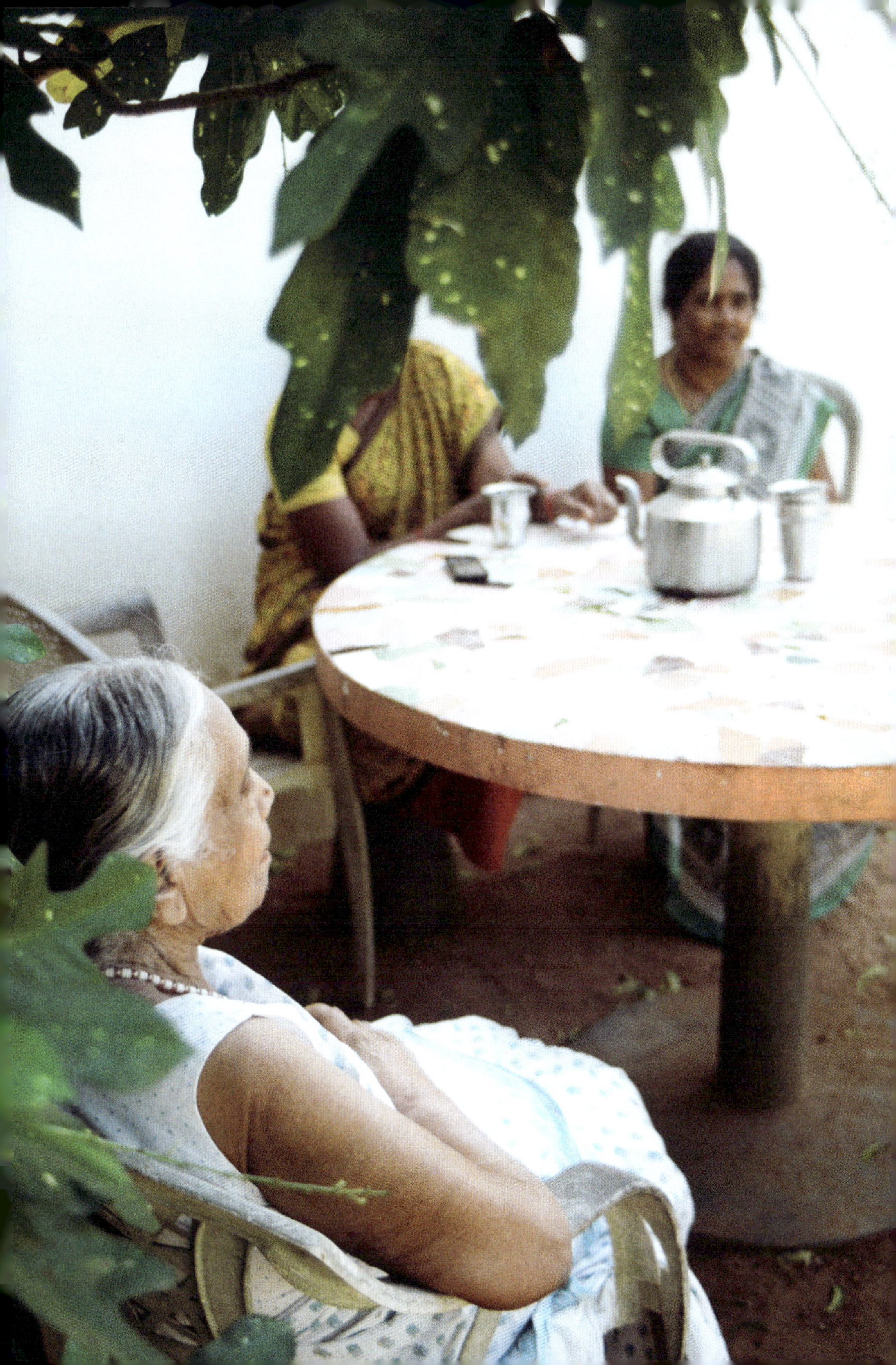

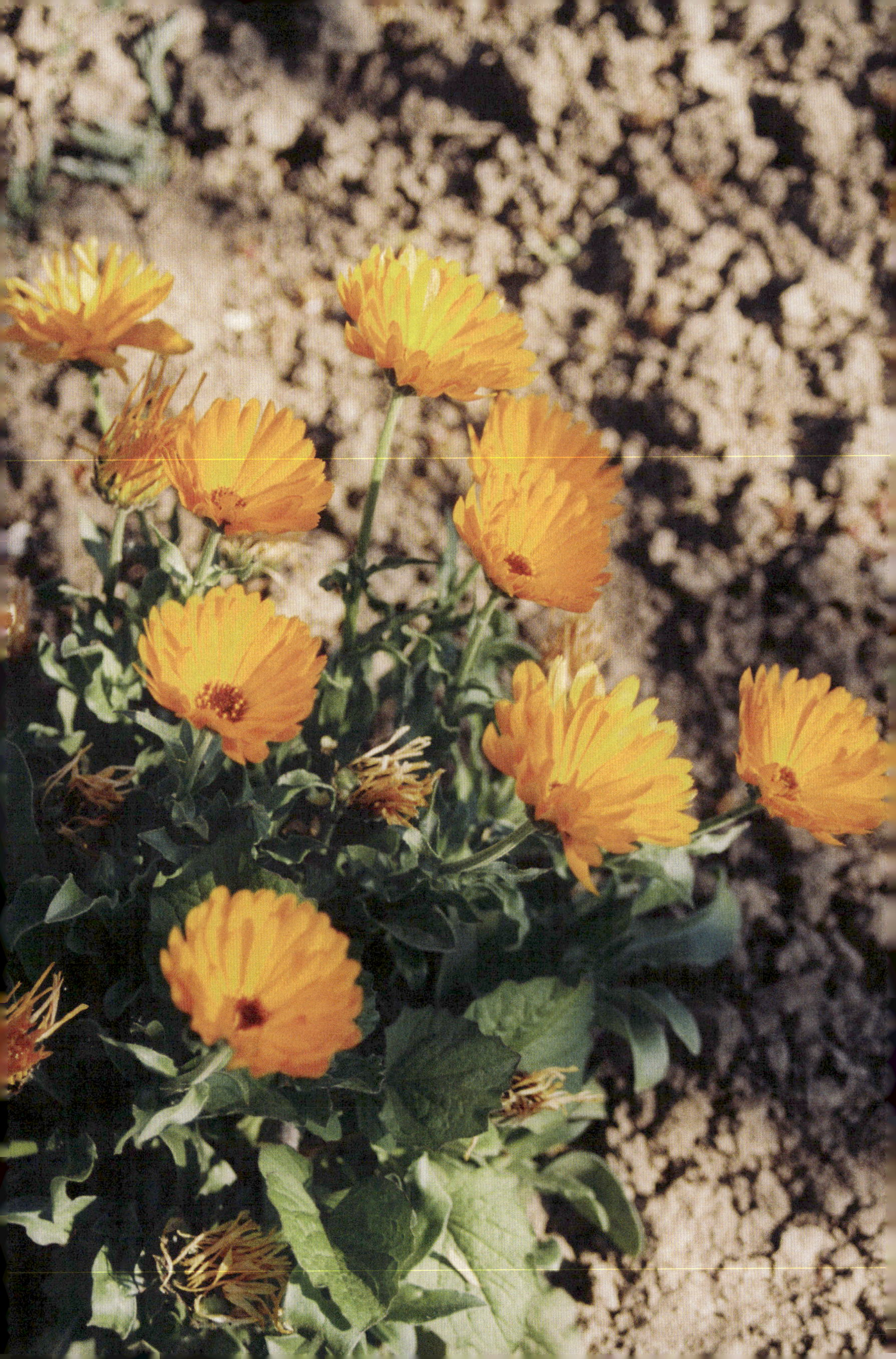

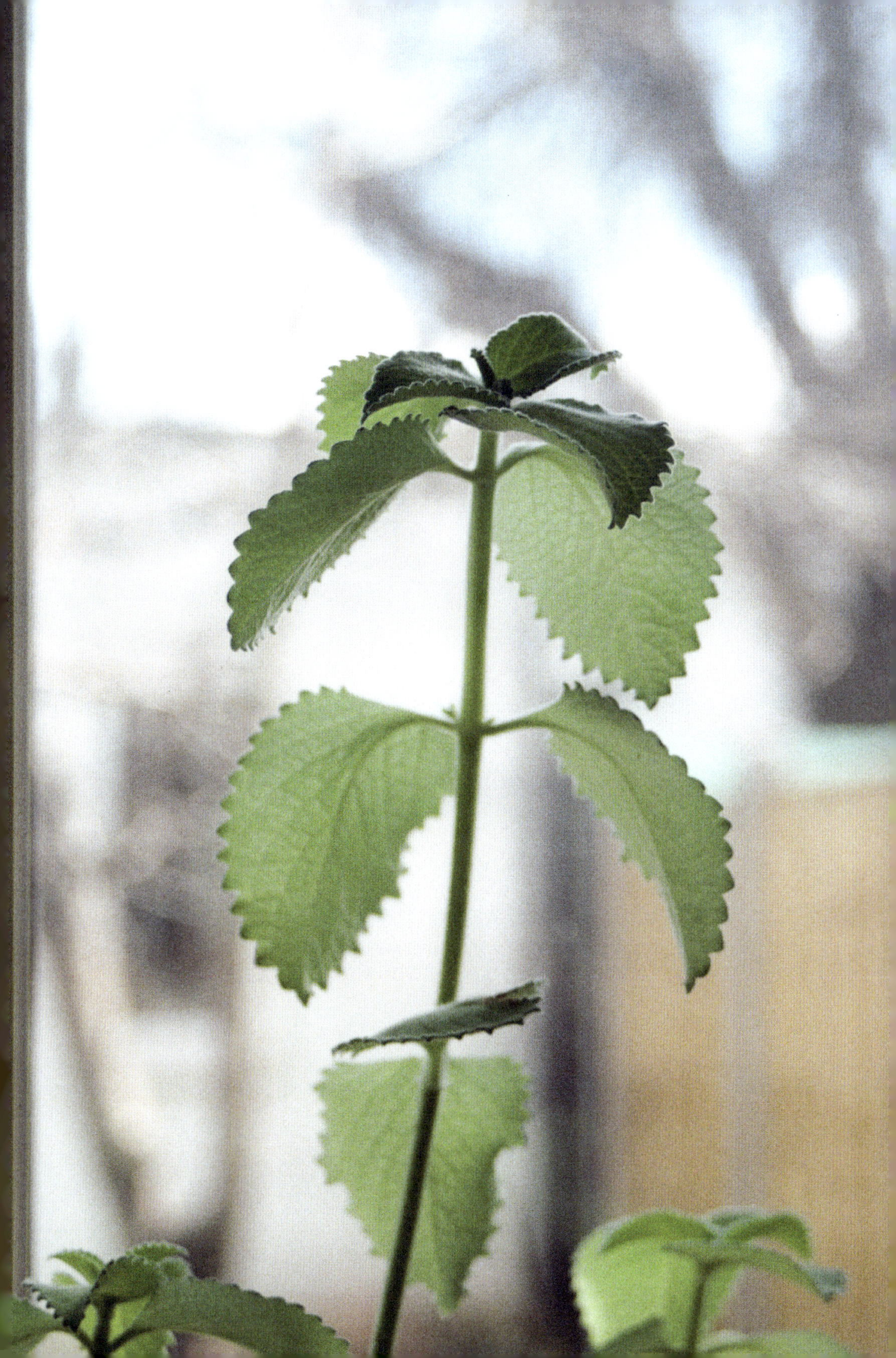

Nager dans un lac avec mes amis, un jour chaud et ensoleillé.

ANONYME, LONDRES.

La première tasse

Comme beaucoup de choses que j'ai appris à aimer, ma relation avec le thé a commencé avec mes grands-parents à la maison. Mon premier thé, en soi, n'était pas du thé, car il ne s'agissait pas de la plante *Camellia sinensis*, mais d'une décoction à base de fleurs et d'herbes, une tisane. Je me souviens de l'orange vif des fleurs de calendula dans le jardin de mon grand-père et des gestes délicats de ma grand-mère lorsqu'elle les posait sur un chiffon de coton afin de les faire sécher. Il faut un mois, au moins, d'après ma grand-mère, avant de les placer dans des bocaux en verre et de les ranger dans le coin sombre de la grande armoire en bois, noms et dates notés sur un autocollant. Comme le dynamisme des pétales de calendula, leur saveur, une fois infusé avec de l'eau, était mémorable. Mon visage se plissa : amer, piquant — rien à voir avec les goûts favoris de l'enfant de 8 ans que j'étais. Je ne me souviens pas de mon grand-père employant le terme « antioxydants » pour me convaincre à l'époque ; mes grands-parents préparaient simplement une tasse chaude d'infusion de calendula à boire si j'éprouvais un mal. La sauge et la camomille étaient parmi les autres plantes cultivées chaque année afin d'être récoltées et infusées. Alors que nous partagions des infusions de camomille le soir, que j'appréciais en grandissant, ma grand-mère se souvenait avec tendresse de sa grand-mère qui, elle aussi, cultivait de la camomille. Bien qu'il y ait eu de nombreux changements dans la façon dont mon arrière-arrière-grand-mère et moi vivions — quand elle avait mon âge, l'Alsace faisait partie de l'Allemagne et non de la France, et elle n'avait pas de prise électrique dans la cuisine ni de radio —, je me suis sentie liée à elle, à travers la saveur et les bienfaits de l'infusion de camomille.

Un goût acquis

Quelques années plus tard, l'adolescence et ma première tasse de thé vert asiatique. Le terme « asiatique » me vient sans plus de précision, car c'est lors d'une rare visite en ville que j'ai demandé à ma mère d'entrer dans une épicerie asiatique afin d'y acheter du thé vert, que je souhaitais goûter. Je ne sais plus exactement pourquoi ni comment j'en ai éprouvé l'envie, peut-être quelques lignes et photographies dans l'un des nombreux livres que j'empruntais à la bibliothèque locale. Mon visage se plissa, comme quelques années auparavant. Quelque peu amusées, nous pensions toutes les deux que cela avait le goût d'une tasse d'eau de mer réchauffé. Une sorte de goût amer. J'ai certainement préparé et goûté quelques tasses de plus, faisant confiance à l'un de mes oncles qui m'avait dit que le goût du thé vert, comme celui du chocolat noir, s'acquiert. Des années plus tard, mon palais plus mature, vivant en Suisse et puis en Allemagne, ayant la chance de rencontrer des passionnés de thé, j'ai goûté et apprécié de délicieux thés verts du Japon, de Corée et de Chine, que j'ai par la suite commencé à acheter avec mon salaire modeste. Le thé devint ma boisson favorite et une manière d'aborder la vie.

Parfois, en conversant avcc dcs amis, nous oublions de respecter le temps d'infusion recommandé, mais le moment partagé apaise l'amertume de l'infusion. Cette notion de partage et de recueil est assurément ce que j'aime le plus dans le thé, sa capacité intrinsèque à rassembler, avec les autres et en soi. Qu'il s'agisse d'un sachet de thé préparé à la va-vite ou d'un thé de la plus haute qualité servi dans de beaux récipients, à température et temps d'infusion idéaux, ce qui entoure une théière est l'occasion de ralentir, d'insuffler un nouveau rythme à nos pensées.

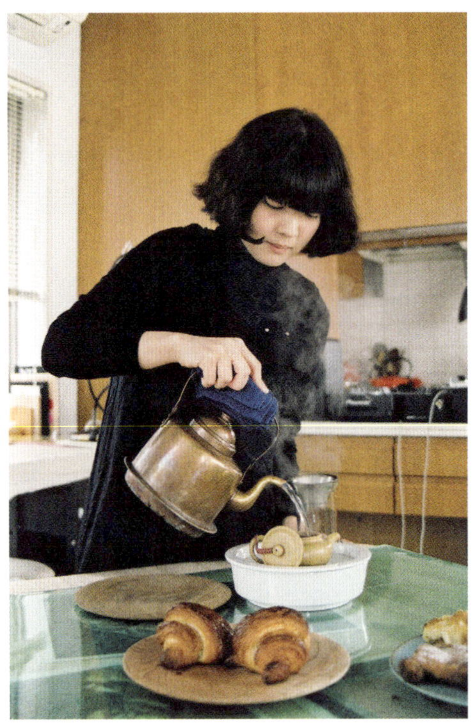

Tea party japonaise

Entre 2014 et 2019, j'ai eu la chance de me rendre au Japon presque chaque année, avec mon mari, dans le cadre de nos expositions et de nos recherches. Ces cinq voyages furent l'occasion pour moi de visiter des maisons de thé, des artisans, des jardins, des passionnés et de nouer de nouveaux liens. J'ai assisté à des cérémonies de thé et participé à des « *tea party* » à Tokyo et Kyoto, des rassemblements de thé informels, avec parfois de la musique électronique apaisante en fond sonore et des pâtisseries internationales en accompagnement. Je suis reconnaissante pour les nombreux compagnons de thé et ce qu'ils ont partagé avec moi, tasse par tasse. L'un des souvenirs que je chéris le plus est d'être assise dans une chambre à thé conçue par Terunobu Fujimori, l'un de mes architectes favoris, avec Toshio Kojima, galeriste, artisan,

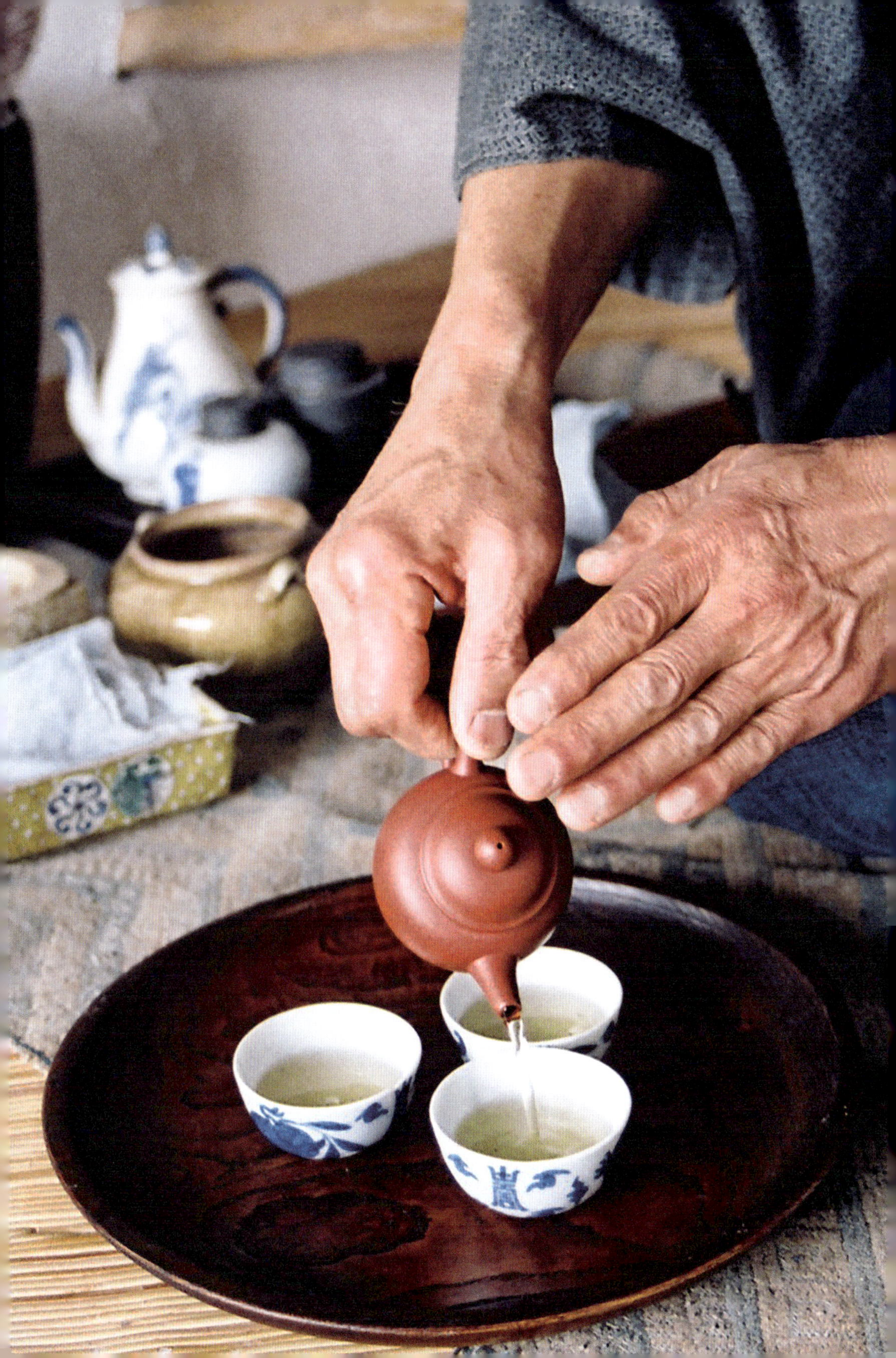

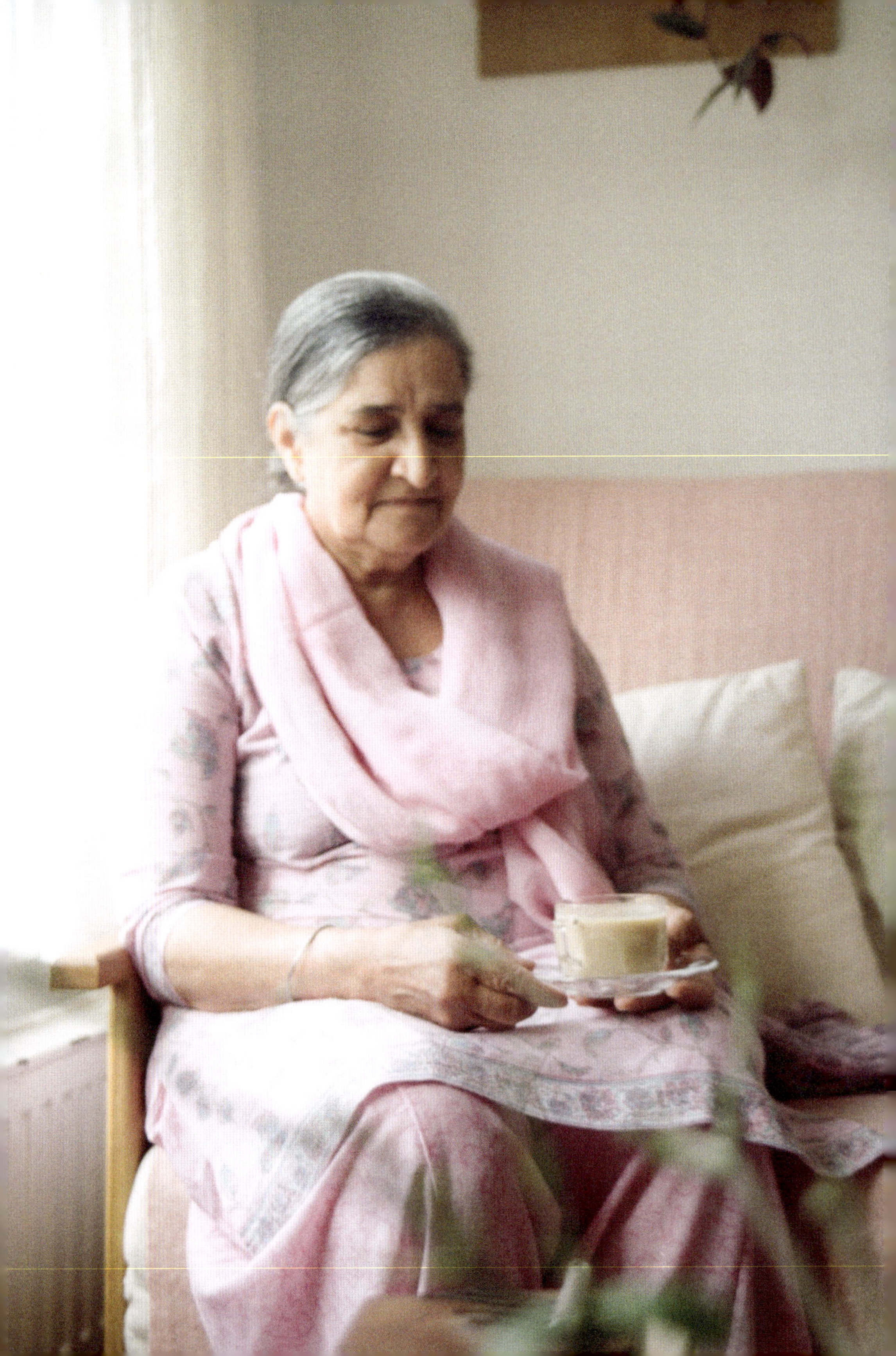

collectionneur d'art et petit-fils de l'illustre peintre japonais Zenzaburo Kojima. C'était la première fois que Toshio-san et moi partagions le thé ; nous avons ri et observé les arbres se mouvoir dans le vent. Près de cinq décennies nous séparent, cependant, nous correspondons par email et par la poste, partageant occasionnellement une lettre accompagnée d'un thé à goûter.

J'ai photographié nombreuses de ces rencontres dans le but de les partager au travers du *Journal du Thé*. J'espère souvent que le message que nous souhaitons transmettre est dignement reçu ; il s'agit d'un sentiment d'unité, de paix, de l'être ensemble et non d'un encouragement à la poursuite d'une consommation matérielle de tasses, bols et théières.

La tendresse du Masala Cha

J'ai pris ce thé indien chaque semaine au cours de la dernière décennie, c'est une de mes routines. Bien que je l'aie goûté dans des restaurants bien avant, c'est la recette de Bibi (ma belle-mère d'origine indienne, en photo ici) que j'aime et que j'ai apprise. Bibi prépare son propre Cha Masala (le nom du mélange pour le Masala Cha) en utilisant, entre autres, deux variétés de cardamome, d'écorce de cannelle et de fenouil. Elle ajoute ensuite dans la casserole des feuilles fraîches d'ajowan, poussant dans un pot sur le rebord d'une fenêtre. Portée à ébullition avec moitié d'eau, moitié de lait végétal, quelques feuilles de thé noir et une généreuse cuillère de sucre de canne brut, la décoction finale est douce et réconfortante.

Un espace d'apaisement et d'accueil

Le partage du thé est un moyen de converser suggérant la paix. Une théière entre deux amis sculpte un espace de confiance et de sécurité. C'est cet espace sentimental qui a inspiré ma série de peintures accompagnées d'enregistrements audio, *Safe Space*.

Une décharge électrique de plaisir, quand la cuisse de Paul a touché la mienne sous la table. Et l'envie que cela se reproduise.

ANONYME, STRASBOURG.

Le moment où j'ai parlé à Joao la semaine dernière et qu'on était comme des amis et qu'on rigolait tellement.

ANONYME, LONDRES.

Je vous encourage à préparer une tasse de thé de votre choix ; ses bienfaits pour votre esprit, votre corps et votre âme sont multiples. L'occasion d'une tasse est une chance quotidienne d'énumérer ce dont nous sommes reconnaissants, de prendre un moment afin d'apprécier les saisons. Pour cette raison, j'aime me balader un thermos de thé dans mon sac à dos et m'arrêter afin de faire une pause, apprécier le paysage, une tasse de thé en main.

Conviez vos amis et réalisez la capacité du thé à établir une ambiance détendue, une atmosphère tout autre que celle provoquée par l'alcool. Dans les vernissages de mes expositions, c'est du thé et de la tisane bio que j'offre. Lors de plusieurs vernissages et lancements de publications, j'ai moi-même, avec joie, préparé et servi des tasses de thé aux visiteurs, ainsi accueillis, non comme de simples inconnus, mais comme le serait un invité, avec gratitude pour avoir fait le voyage. C'est pour moi une façon décontractée et naturelle de rencontrer et de discuter un moment. Le thé évoque la grâce, la convivialité, l'élégance et l'harmonie, des qualités que j'admire, comme les contours délicats des feuilles de *Camellia sinensis* et de pétales de calendula. La voie du thé est ouverte à tous, elle nous invite à garder dans nos cœurs ce qui est le plus simple, ce qui est essentiel.

ALLER PLUS LOIN

Je recommande la lecture du classique *Le Livre du thé* d'Okakura Kakuzō, éditions Philippe Picquier (poche).

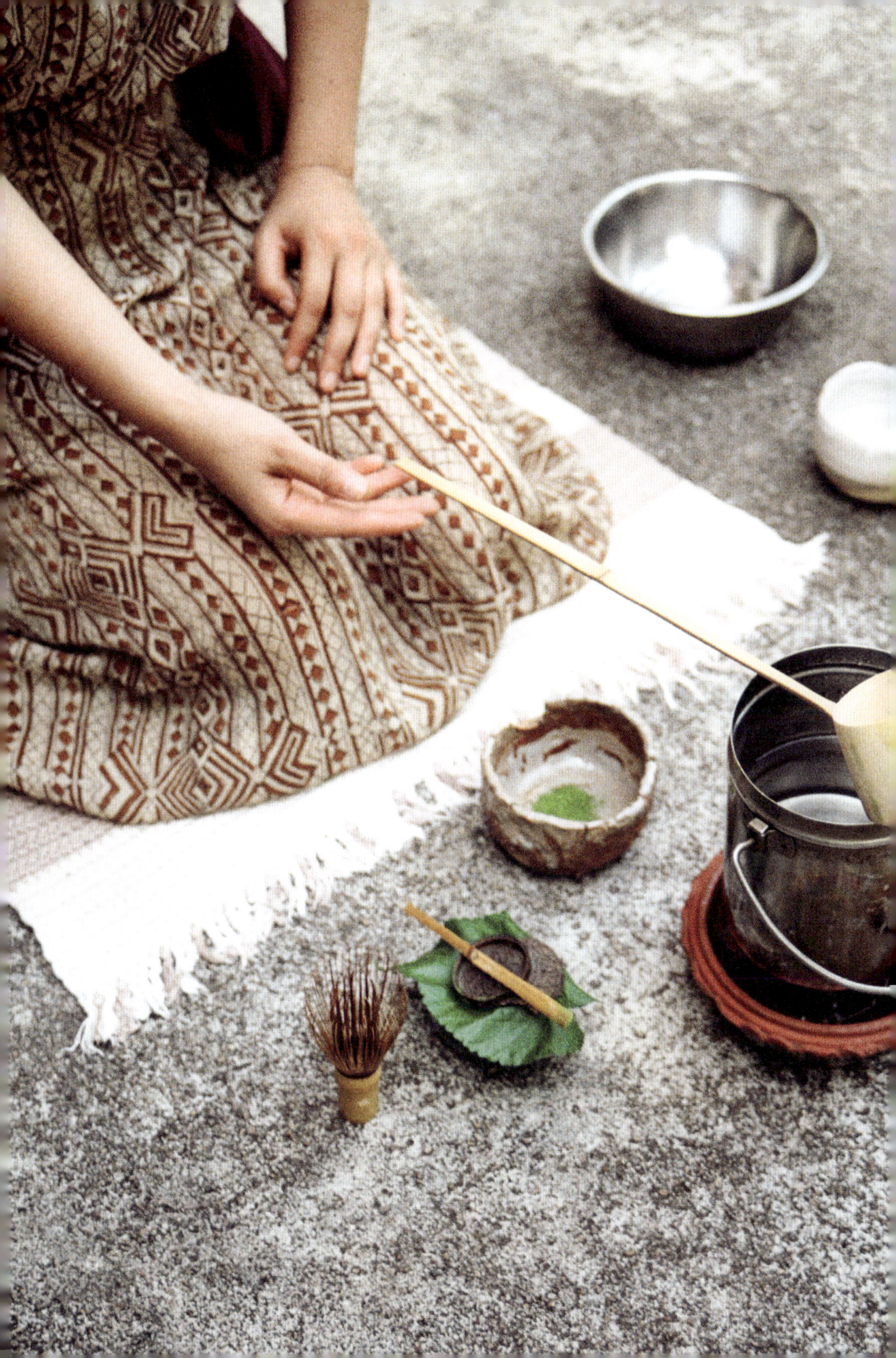

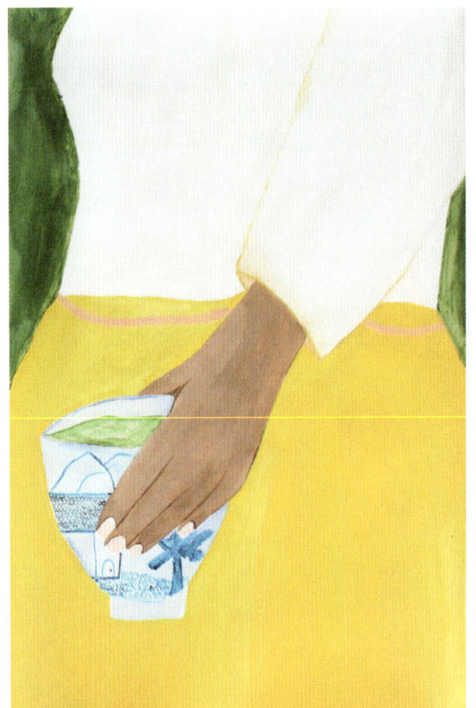

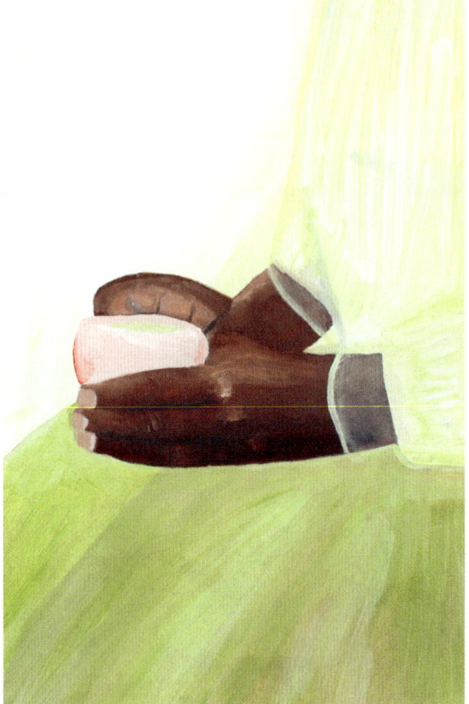

Trois peintures de la série *Safe Space*, huile et pigments naturels sur papier et toile en lin. Initiée en 2017, la série présente des autoportraits, ainsi que ceux de mes amies et collaboratrices buvant du thé tout en partageant des pensées et des idées. Les peintures sont accompagnées d'une série de monologues audio d'environ 3 minutes, évoquant des histoires d'amour, de vie, de prise de décision et d'obstacles partagés. Ces œuvres rendent hommage à une série de moments précieux.

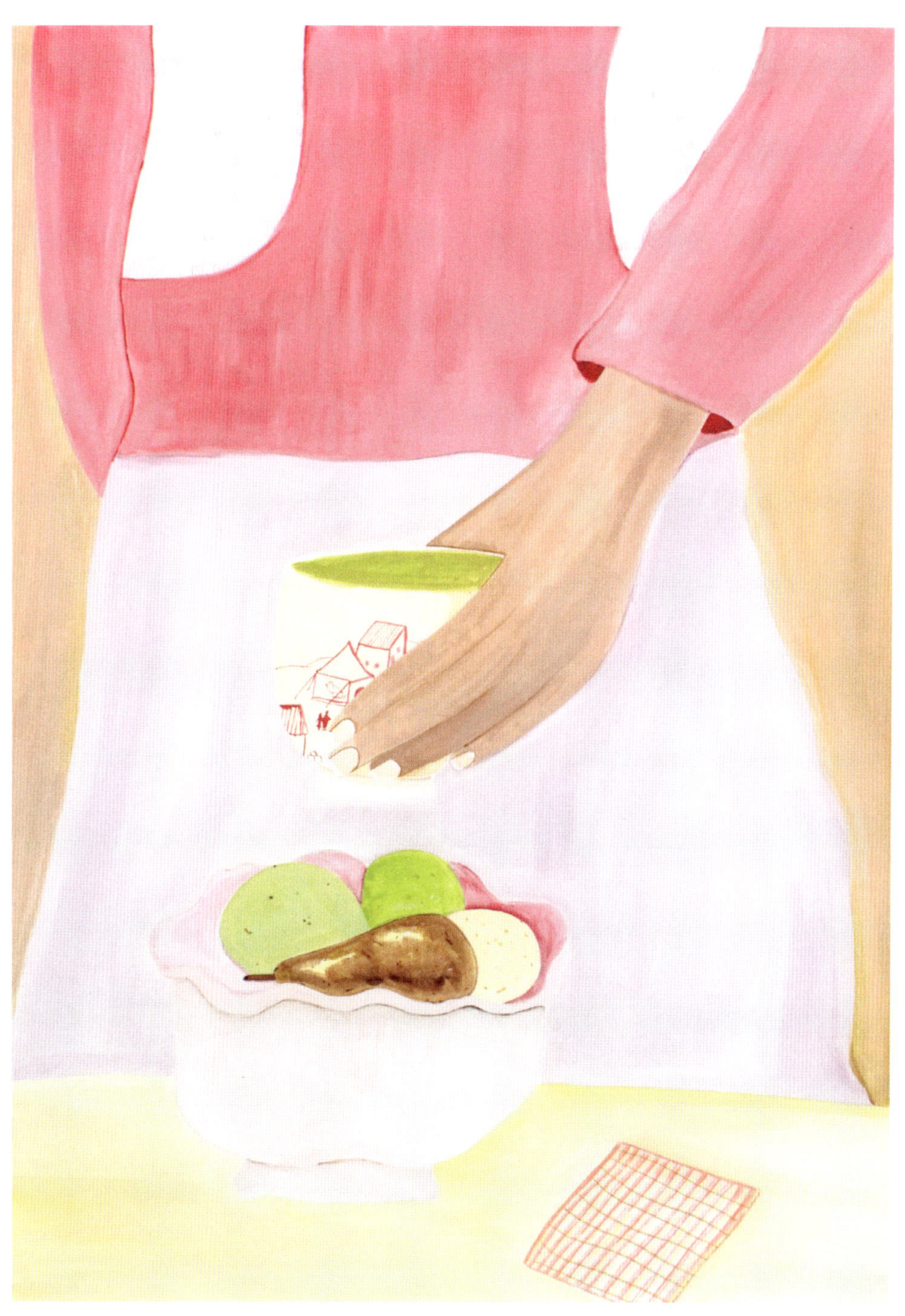

PRÉPARER UNE TASSE DE THÉ INDIEN MASALA CHA

Le Masala Cha est une boisson indienne chaude, à la fois rafraîchissante et réconfortante. Beaucoup utilisée en médecine ayurvédique, elle a des propriétés anti-inflammatoires. Cette recette est celle que m'a enseignée ma belle-mère, Parminder Kaur, que nous appelons affectueusement Bibi (« grand-mère » en pendjabi).

MATÉRIEL

- une casserole
- une spatule en bois
- un mixeur de cuisine
- une passoire à thé
- une ou deux tasses vides
- une petite assiette où reposer votre spatule
- un récipient avec un couvercle
- une théière (ou un récipient qui peut faire office de théière)

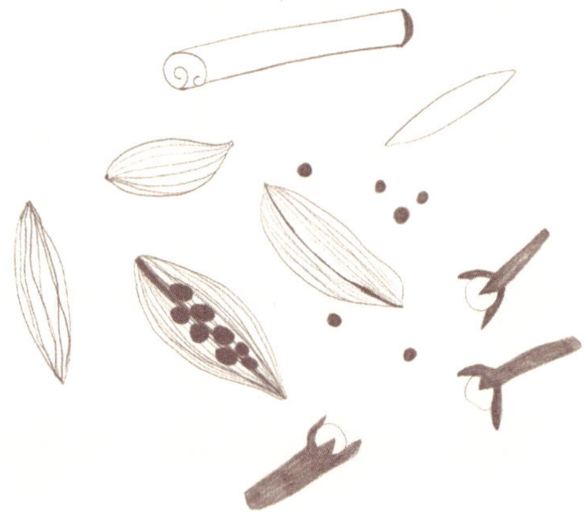

INGRÉDIENTS

- des feuilles de thé noir ou un sachet de thé noir, biologique si possible
- 2 bâtons de cannelle
- 2 graines de cardamome noire
- 6 à 12 graines de cardamome verte
- 2 clous de girofle
- une demi-tasse de graines de fenouil
- du sucre de canne en poudre
- de l'eau
- une boisson végétale, je recommande l'avoine

ÉTAPES

1. Si vous aimez partager l'instant à venir, invitez une personne que vous appréciez à vous rejoindre.

2. Trouvez un endroit propice à un moment de contemplation : un canapé proche sans distraction autour, un coussin placé au sol, un banc dans un parc…

3. Pensez au présent. Faites au mieux pour laisser vos tracas de côté et composer avec cet instant, un moment de repos et de pleine conscience.

4. Placez dans le mixeur cardamome, girofle, cannelle et fenouil. Mixez le tout jusqu'à l'obtention d'un mélange fin, mais pas autant qu'une poudre. Placez ce mélange, le Cha Masala, dans un récipient où il pourra être conservé au sec et à l'abri de la lumière pendant quelques semaines.

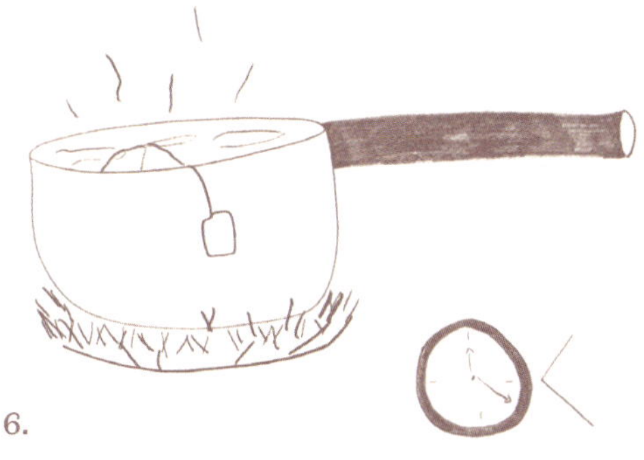

6.

5. Dans la casserole, ajoutez 1 tasse de boisson végétale pour 2 tasses d'eau. Ajoutez ensuite à cela 1 c. à s. de votre Cha Masala, 1 c. à c. de sucre de canne, ainsi qu'un sachet ou quelques feuilles de thé noir bio. Mélangez et faites cuire à feux doux.

6. Remuez régulièrement la boisson dans sa casserole, faites cuire cela pendant au moins 20 minutes, car l'un des secrets du Masala Cha est dans sa durée d'infusion. À la maison, je le fais parfois cuire pendant plus d'1 h pour un arôme délicat et parfumé.

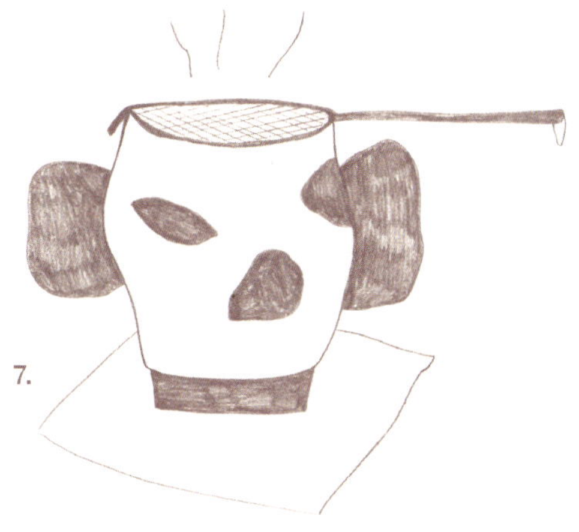

7.

7. Éteignez le feu et versez le Masala Cha dans vos tasses à l'aide d'une passoire à thé. Attention de bien filtrer toutes les épices.

8. Faites au mieux pour apprécier le moment présent, respirez le parfum de ce thé. À ce moment-là, vous êtes en vie, une boisson chaude avec vous, peut-être même une personne avec qui la partager et discuter.

9. Lorsque vous reprendrez votre journée, faites au mieux pour préserver ce sentiment positif de présence à l'instant.

Masala Cha est le terme pendjabi pour ce thé indien. En hindi, on le nomme Masala Chai. Dans les cafés et restaurants occidentaux, ce thé est souvent servi avec un fort arôme de gingembre. Bien que le gingembre puisse être utilisé dans la préparation du Cha Masala, jamais les tasses Masala Cha que j'ai pu savourer dans les cuisines indiennes ne furent aussi prononcées ; au contraire, c'est généralement la cardamome et les graines de fenouil qui semblent former les notes principales du Cha Masala. Je préconise de choisir des épices biologiques.

ALLER PLUS LOIN

S'il vous est possible de faire pousser de l'ajowan (*Trachyspermum ammi*), je vous recommande d'en ajouter une à deux feuilles fraîches et lavées à votre décoction.

IV

Le goût des couleurs ou la teinture naturelle

Je ne peux pas parler de teindre sans parler de manger et par là de nous nourrir. Dans ma pratique de la teinture naturelle, les deux vont de pair. Les végétaux, en tant qu'aliments et textiles, sont proches de nous, de nos corps ; ils nous nourrissent, nous vêtissent, comblent nos besoins, nous apportent plaisir et réconfort.

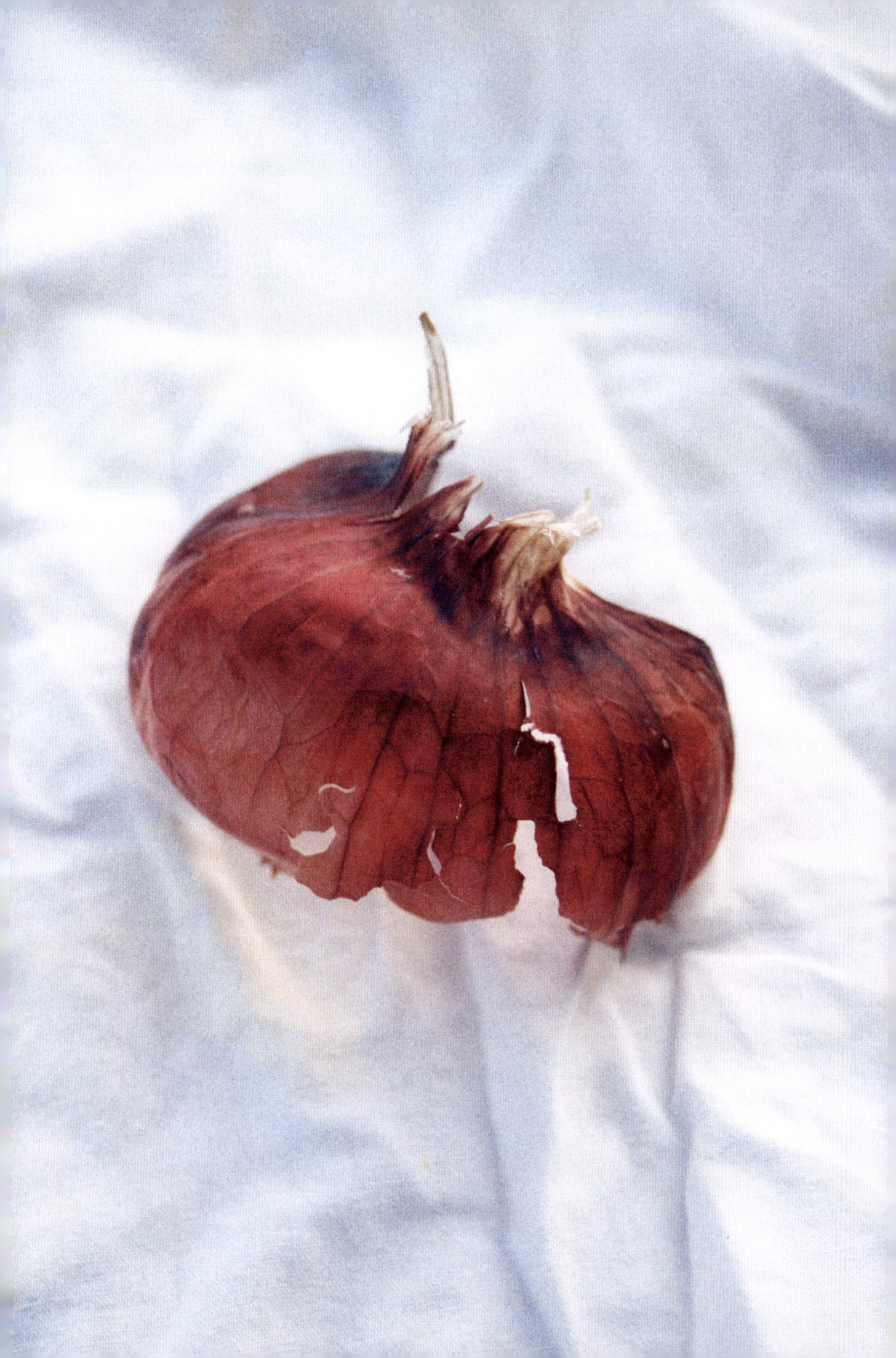

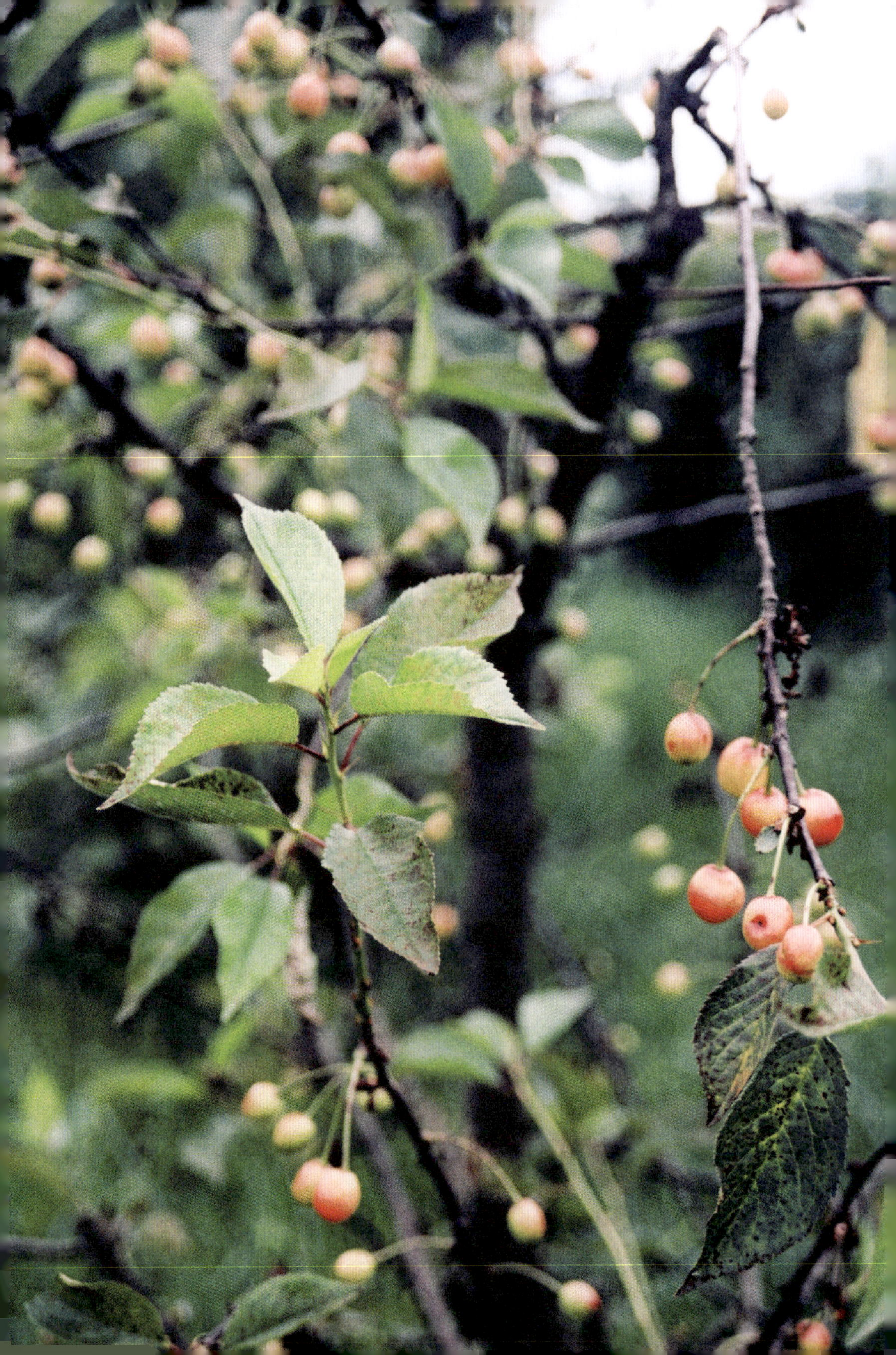

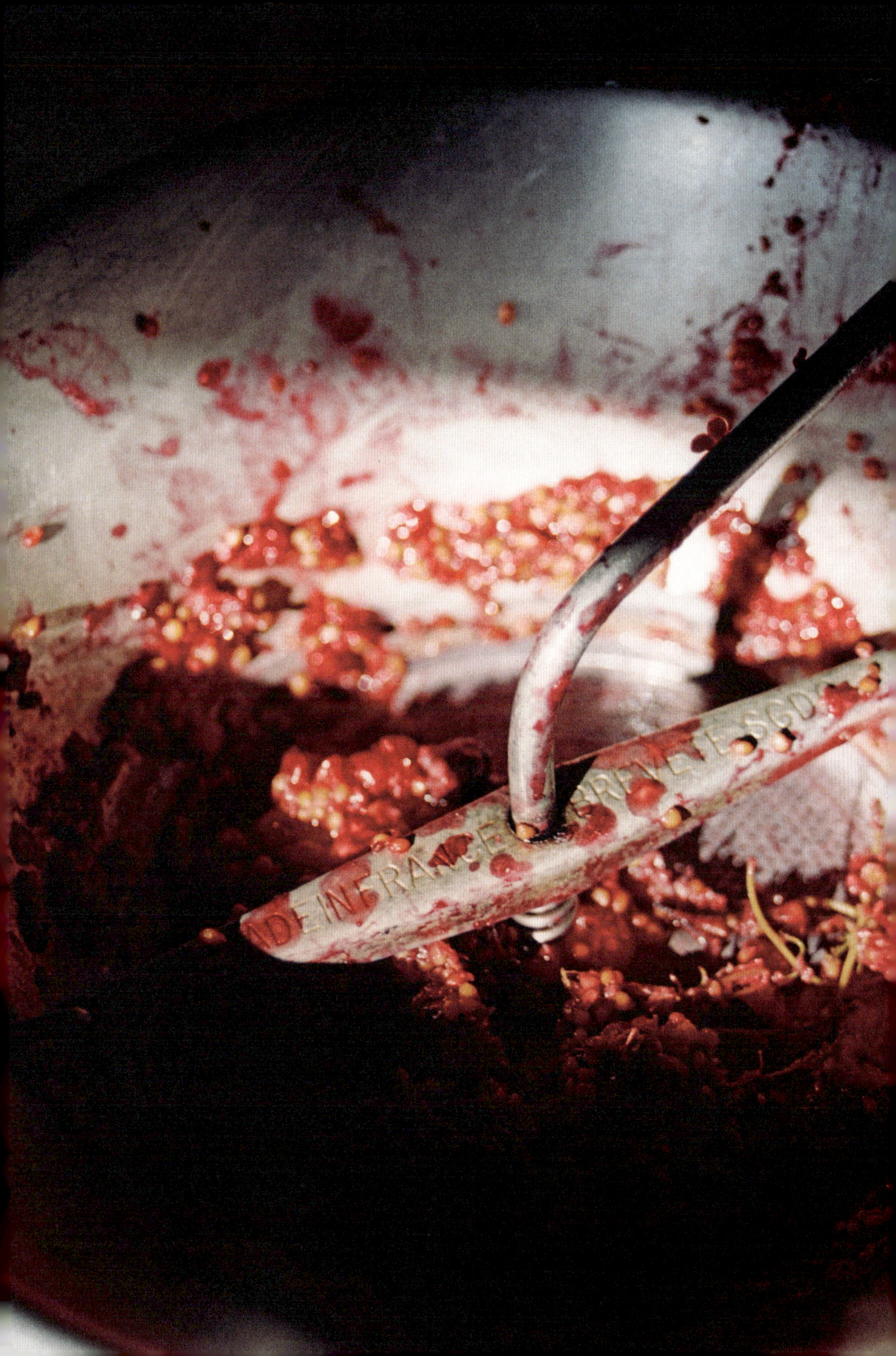
ADEINFRANCE BREVETE

Faire l'amour tendrement pour la première fois en étant passionné.e et amoureux.se.

ANONYME, LONDRES.

Fabriquer des couleurs: la beauté du jus de cuisson du chou

En 2014, mon grand-père paternel est soudainement décédé. Dès lors, tout en vivant à l'étranger, j'ai décidé de venir séjourner chez Yolande, ma grand-mère, tous les 2 mois pour une durée de 7 à 15 jours à chaque fois, afin de passer plus de temps auprès d'elle. Cette proximité physique avec ma grand-mère a eu pour effet de faire beaucoup ensemble, comme ce fut le cas lors de mon enfance.

Aux premiers jours de l'année 2015, nous avons fait bouillir du chou rouge du jardin pour l'un de nos repas. La couleur de l'eau m'a rappelé la « fabrication de couleurs » comme on l'appelait alors, que mes grands-parents m'avaient montré lorsque j'étais bien plus jeune. J'ai décidé de faire des couleurs pour tissus avec et chez ma grand-mère. J'ai commencé par collecter des tissus qui ne lui servaient plus, mais qui étaient lavés, pliés, repassés et rangés comme de potentiels torchons, en me concentrant sur ceux aux teintes beiges et blanches. Il y avait très peu de matériaux synthétiques dans la maison, mon lot fut donc principalement composé de cotons et de lins. Pour les matériaux de fabrication des pigments, je me suis aussi tournée vers l'indésirable. Cette fois, c'était de la nourriture: les restes d'eau de chou bouilli et de haricots noirs, entre autres, les peaux, les coques et les noyaux de fruits, de légumes et de noix, y compris les pommes de terre, carottes, oignons, cerises, rhubarbes, d'occasionnels avocats et des noix. Chaque fois que nous placions les tissus humides dans le bain coloré pour les sortir quelques heures ou quelques jours plus tard, ma grand-mère et moi étions émerveillées par la palette de couleurs produite. Nous étions toujours en deuil — la peine de ma grand-mère, son Amour décédé, était immense. Graduellement, sa vie possédait à nouveau plus de tonalité. Je crois que cela était partiellement dû au partage et au caractère ludique des moments que nous passions côte à côte.

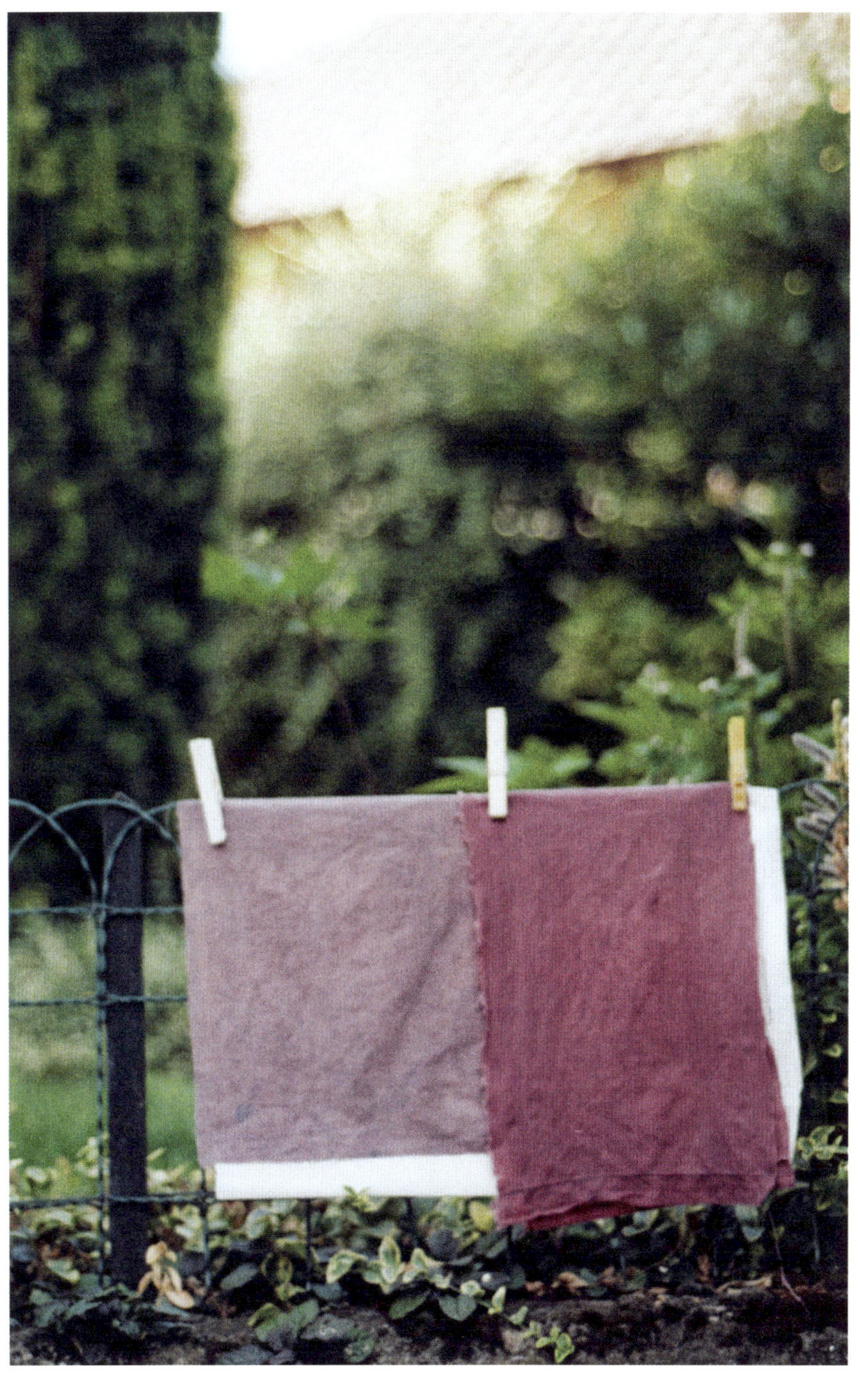

Quand je fais de la luge.
ANONYME, ENFANT, STRASBOURG.

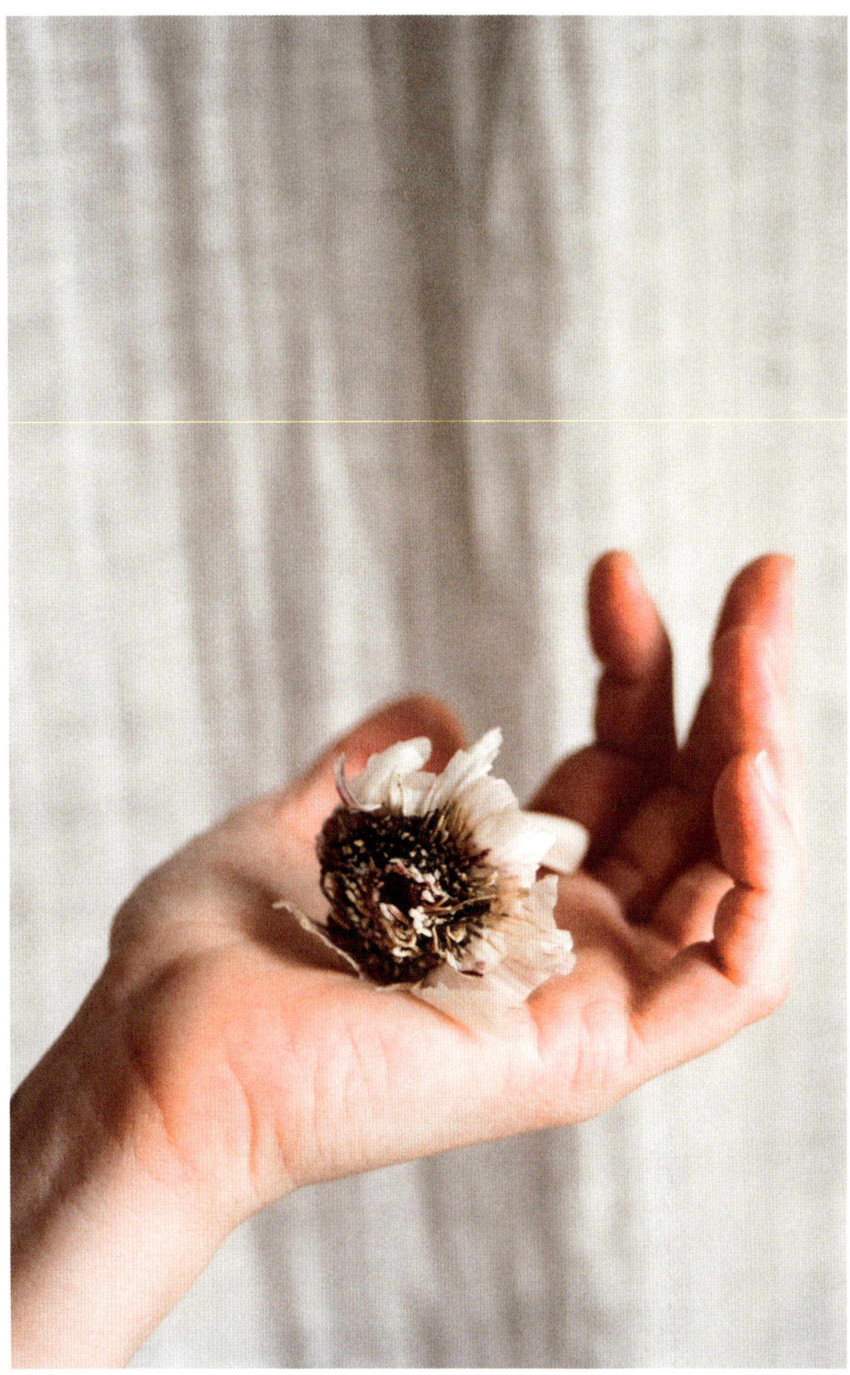

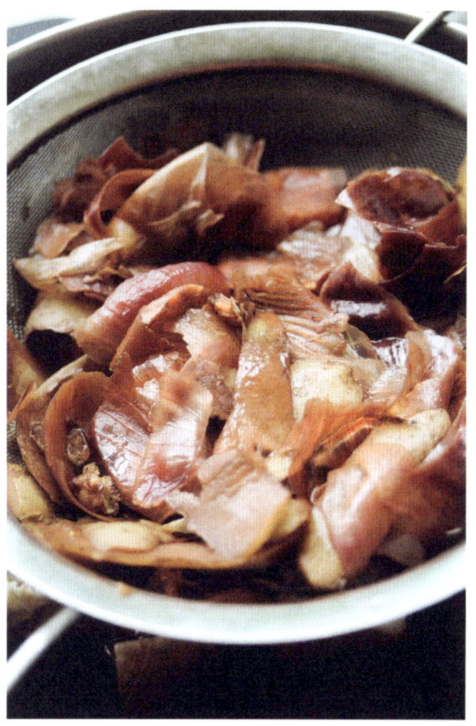

Nous réalisions des confitures chaque été, les petits noyaux des différentes baies et fruits du verger étaient conservés et utilisés pour les teintures. Et ainsi, aux souvenirs saisonniers et aux cultures du potager, sont venus s'ajouter les tissus colorés. J'ai poursuivi les expériences dans ma vie quotidienne en Angleterre, demandant à ma famille et à mes amis de me donner leurs tissus naturels inutilisés, qui retenaient mieux les teintures végétales. Bibi, ma belle-mère d'origine indienne, une cuisinière végétarienne, aimante et talentueuse, a contribué en ajoutant à mon répertoire le curcuma, ainsi que les tiges et écorces d'autres épices. Mi-2016, j'avais des tas de tissus teints dans de vastes palettes : jaune, beige, orange, rose, bleu, gris, violet et un peu de vert. Les textiles reflétaient à la fois la vie passée, les liens sociaux et mes repas, partagés et solitaires. À l'époque, j'avais déjà une alimentation à base de plantes et la source d'expérimentations pour mes teintures était donc abondante.

J'ai également commencé à inclure dans mes essais du thé et du café usagés. Après avoir servi de source de pigments, les matières rejoignaient mon tas de compost, comme nous le faisions en Alsace chez ma grand-mère. J'avais confiance : une idée viendrait de ces tissus nouvellement colorés, l'énergie de la couleur et le processus de fabrication donneraient forcément naissance à un projet. Une idée germa : *Penser, Manger, Partager*, une série d'installations textiles, des habitats similaires dans leurs structures et finalités à ma pièce *Le Refuge*. Pour la première pièce de ce nouveau projet, je me suis concentrée sur les tissus dont les teintures avaient des tons roses. J'ai travaillé depuis sur une deuxième pièce avec des matières dans les tons jaunes et beiges. *Penser, Manger, Partager II* est une collaboration avec l'architecte et le professeur Takeshi Hayatsu, qui a conçu le plan pour sa structure en bois. La réalisation des œuvres inclut la participation de galeries et librairies indépendantes, qui placent parfois à ma demande des cartons vides chez eux pour collecter les tissus inutilisés de leurs clients. Les tentes sont ensuite assemblées chez moi, en Angleterre, avec l'aide occasionnelle de ma belle-mère Bibi, mon amie Juliette, ainsi que trois stagiaires, Éléonore, Mathilde et Sarah. Une identité collective se reflète dans les textiles et va bien au-delà des tissus. Alors que la première pièce *Penser, Manger, Partager* était exposée à Tokyo et à Londres, voir des amis et des visiteurs assis dans la tente, profiter d'un moment ensemble ou seuls, parfois une tasse de thé bio en main, n'était pas sans me rappeler les tablées autour d'un bon repas et des gens que j'apprécie. Le cercle semblait bouclé et j'espère avoir la chance de le répéter à travers les années et les lieux.

Ensemble dès le début

Tout a commencé quand, enfant, j'étais assise sur les genoux de ma grand-mère alors qu'elle utilisait une machine à coudre manuelle. Confectionner des vêtements, des plats, des arrangements floraux faisait partie de la vie de Yolande. C'était coutume à sa génération ; elle est née dans les années 1930 et son grand-père était tailleur. Le matériel de couture dont elle avait hérité, notamment des aiguilles, des rubans à mesurer, de la craie de tailleur, des crayons, différents types de matériel de broderie, des ciseaux, des boîtes de boutons et de fils et des tissus de qualité, était conservé à la maison. Hors du design textile à la Haute école des arts du Rhin, je n'ai jamais eu de formation en confection de vêtements et la réalisation de manches m'échappe encore parfois. J'ai toujours aimé apprendre des autres et avec les autres, assis ensemble pour réaliser des vêtements, de l'impulsion initiale à la coupe du dernier morceau de fil fixant un bouton. Ma grand-mère raccommodait toujours mes chaussettes et mes vêtements sans que je le demande. Quand je retournais en Angleterre, je découvrais parfois des semaines plus tard de nouveaux repris sur une chaussette ; le sentiment était toujours comparable à celui qu'invite la lecture d'un mot tendre ou d'un câlin. Je suis sûre que cette attitude de réparer, de prendre soin et de garder a inspiré mon approche.

Le paysage textile

Comme l'écrivait déjà le sociologue et philosophe Georg Simmel en 1905, « la mode peut donner jour à ce qu'il y a de plus contraire à la nature ». L'industrie textile a énormément changé au cours des dernières décennies et a peu de choses en commun avec ce qu'a connu ma grand-mère à mon âge. Le modèle de la *fast fashion* s'est développé au cours des trois générations qui nous séparent. Toujours plus, toujours moins cher, au prix d'une perte de qualité, de traditions parfois, de surproduction, de pollution, et surtout, avec une violation du droit du travail et une destruction écologique globale. Comme l'a dit le fabricant de vêtements de plein air Patagonia dans un plaidoyer de 2011 : pour que les gens réduisent leur consommation en faveur de la réparation, il s'agit de réduire, réparer, réutiliser et recycler.

Regarder les arbres parler. Écouter les oiseaux. Toucher l'écorce. Admirer la beauté sous tes yeux.

ANONYME, STRASBOURG.

Être dans mon studio de tai-chi et trouver exactement la bonne position – un moment de bien-être profond.
ANONYME, LOS ANGELES.

Expérimenter joyeusement

En parallèle, j'ai continué à expérimenter la fabrication de couleurs au-delà du domaine de la nourriture, du textile, du déchet et de l'inutilisé. En 2015, assistant à la cérémonie sikh de *Puranmashi* lors de la pleine lune, j'ai recueilli, avec l'approbation du temple de Coventry, certaines des fleurs jetées en l'air lors de la célébration. De retour chez moi, fleurs à la main, j'ai frotté les pétales sur de nombreuses feuilles de papier, puis les ai organisées par couleur, et les ai placées dans des tissus étroitement noués que j'ai fait bouillir ; j'ai apprécié certains résultats, d'autres moins.

Mon approche initiale de la teinture était mue par la curiosité, l'environnement et l'espièglerie et non par une formation ou une recherche formelle. De la place a continuellement été faite pour l'imprévu, le non-maîtrisé et la spontanéité. À l'époque, contrairement à aujourd'hui, je ne cultivais pas encore de plantes pour leurs propriétés tinctoriales et ne lisais pas de livres sur le sujet. Mes activités de teinture se sont toujours déroulées dans des cuisines, en intérieur ou en extérieur. Pour cela, j'utilisais de vieilles casseroles et bols en acier inoxydable, du sel de cuisine, des passoires à mailles fines et des cuillères en bois. Ma façon de teindre et de créer des pigments est liée à l'art de la table, à l'art de boire, de manger, de partager ; la fascination que j'ai pour les couleurs rejoint celle que j'ai pour la culture des végétaux et la cuisine. Ces dernières années, j'ai également appris à fabriquer des pigments pour mes peintures ; toujours entre le jardin et la cuisine, en utilisant des plantes cultivées et de la terre.

La teinture naturelle est un artisanat ancestral avec des caractéristiques distinctes selon les cultures et la géographie. Des tapisseries somptueuses teintes il y a des siècles avec des couleurs dérivées de minéraux et de plantes sont encore admirées aujourd'hui. L'utilisation de colorants naturels a été rendue obsolète à la fin des années 1800 avec l'invention de colorants synthétiques bon marché jusqu'aux années 1990 et à nouveau dans les années 2010, où ils sont revenus au-devant de la scène. Les livres, les ateliers et les publications en ligne sur le sujet sont multiples ; ma pratique s'inscrit dans cette vague-là. Ce renouveau

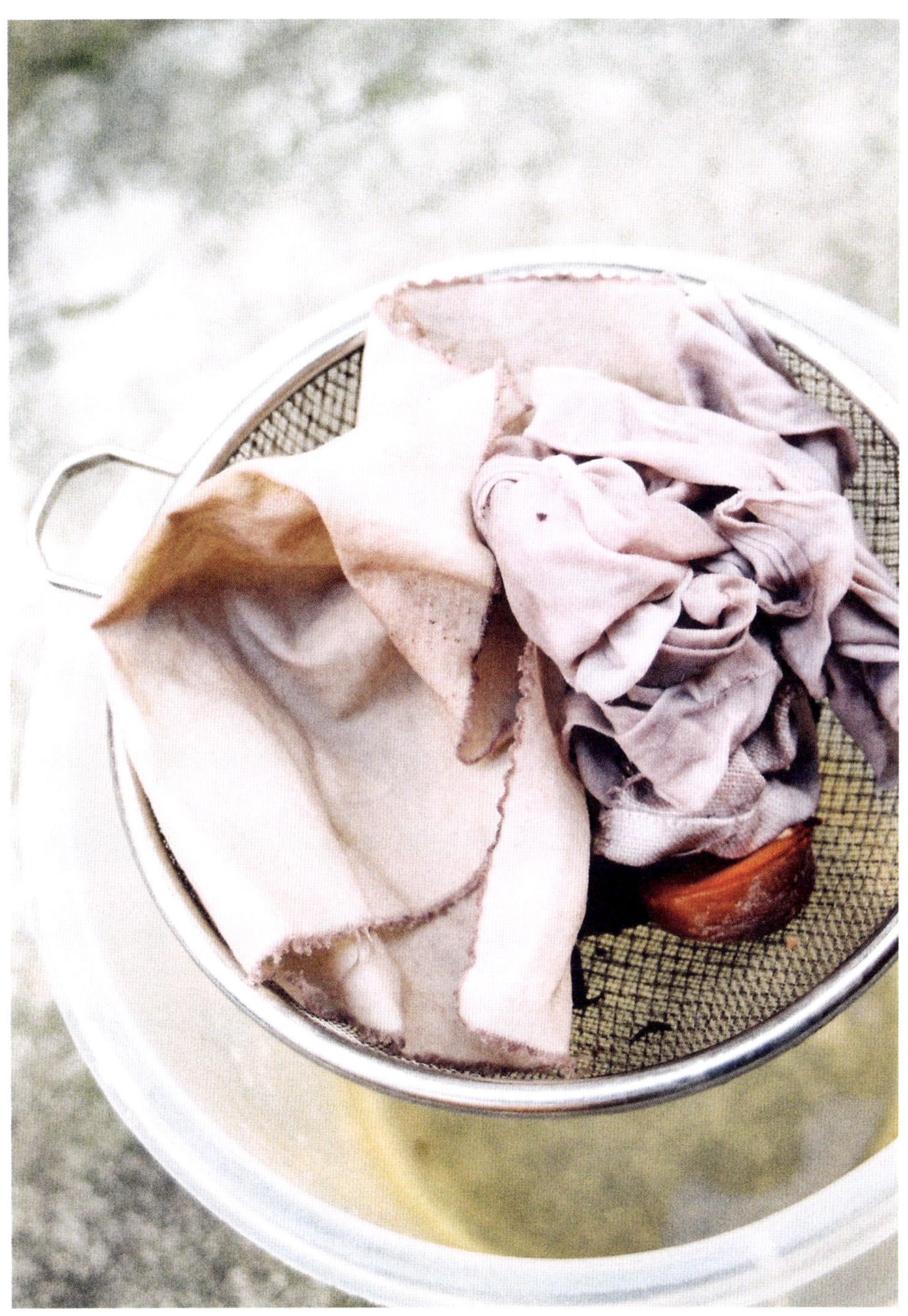

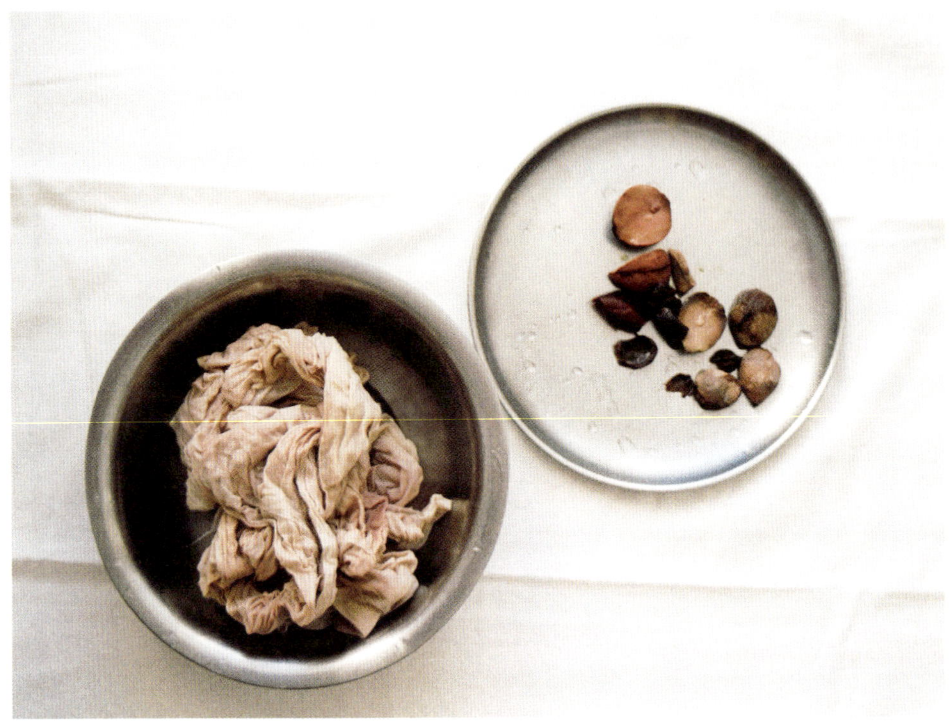

m'a permis d'échanger, d'assister à des conférences (dont l'une de l'honorable Sachio Yoshioka), de partager mes projets et de rencontrer d'autres teinturiers expérimentaux enthousiastes, ainsi que des teinturiers professionnels lors de mes voyages. J'ai reçu et partagé des conseils, collaboré et poursuivi avec plaisir des échanges sur le sujet — ce que je suis reconnaissante d'avoir encore la chance de faire aujourd'hui.

ALLER PLUS LOIN

Je vous recommande vivement la lecture des ouvrages de Rita Buchanan, *A Weaver's Garden* (Dover Publications, 2012) et Elisabeth Dumont, *Teindre avec les plantes* (Ulmer, 2019).

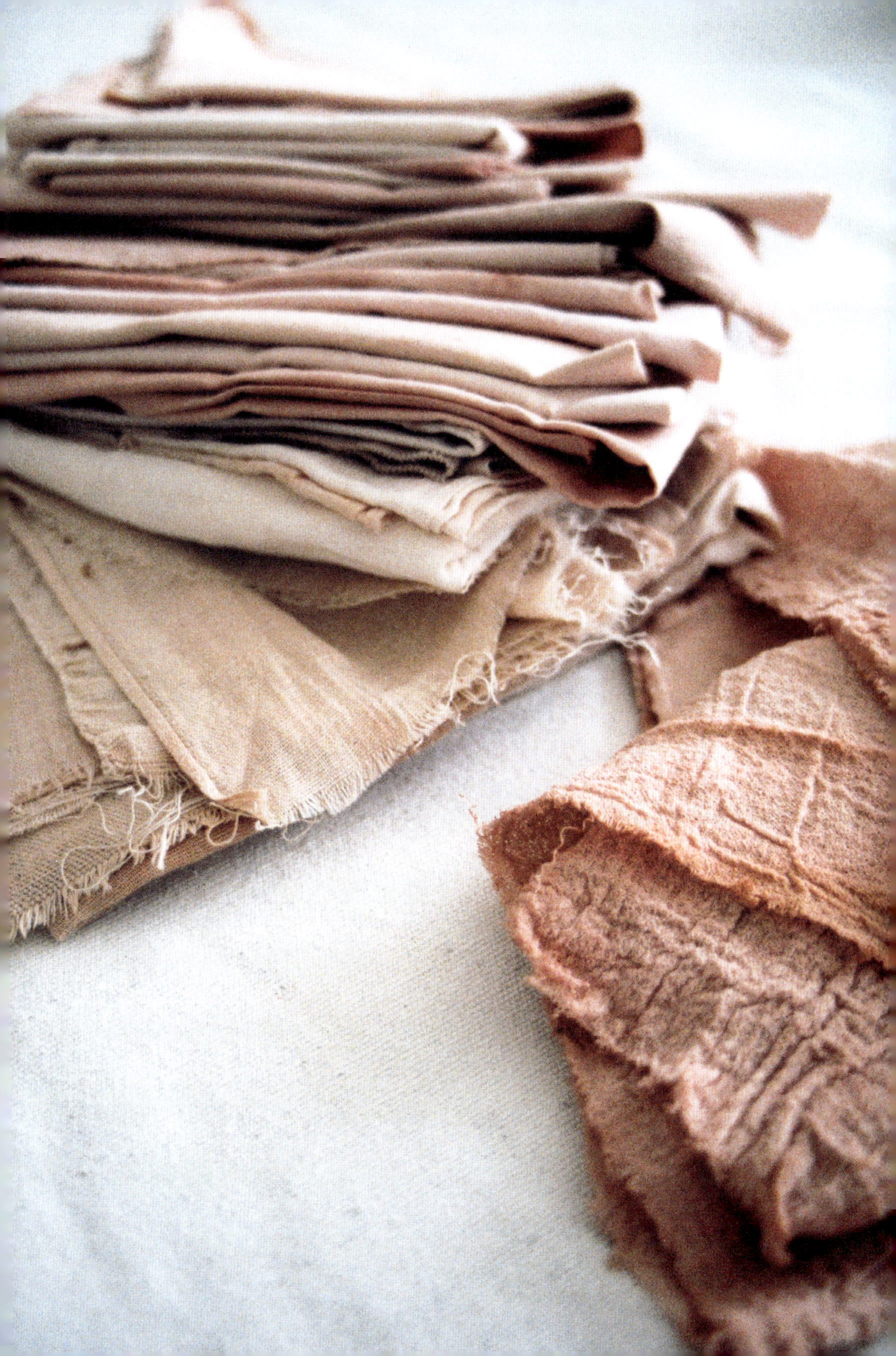

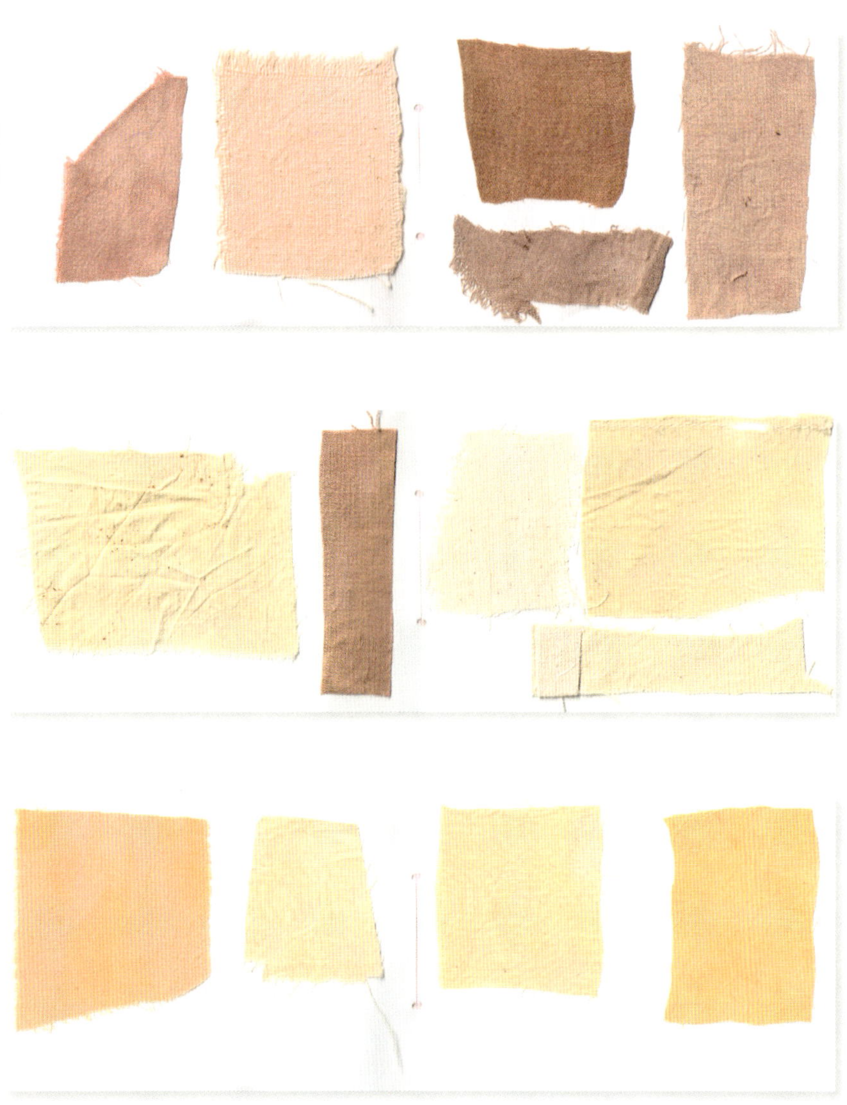

CI-DESSUS ET ISSUES DE MES ARCHIVES : exemples de teintures naturelles. De manière générale, je n'ai pas, dans mes carnets, de notes sur la composition d'une couleur, car ce qui m'intéresse, c'est la rencontre d'une couleur et documenter cette rencontre, plus que de savoir comment la recréer.

À DROITE : l'installation *Penser, Manger, Partager I* à Nidi Gallery, Tokyo, 2018.

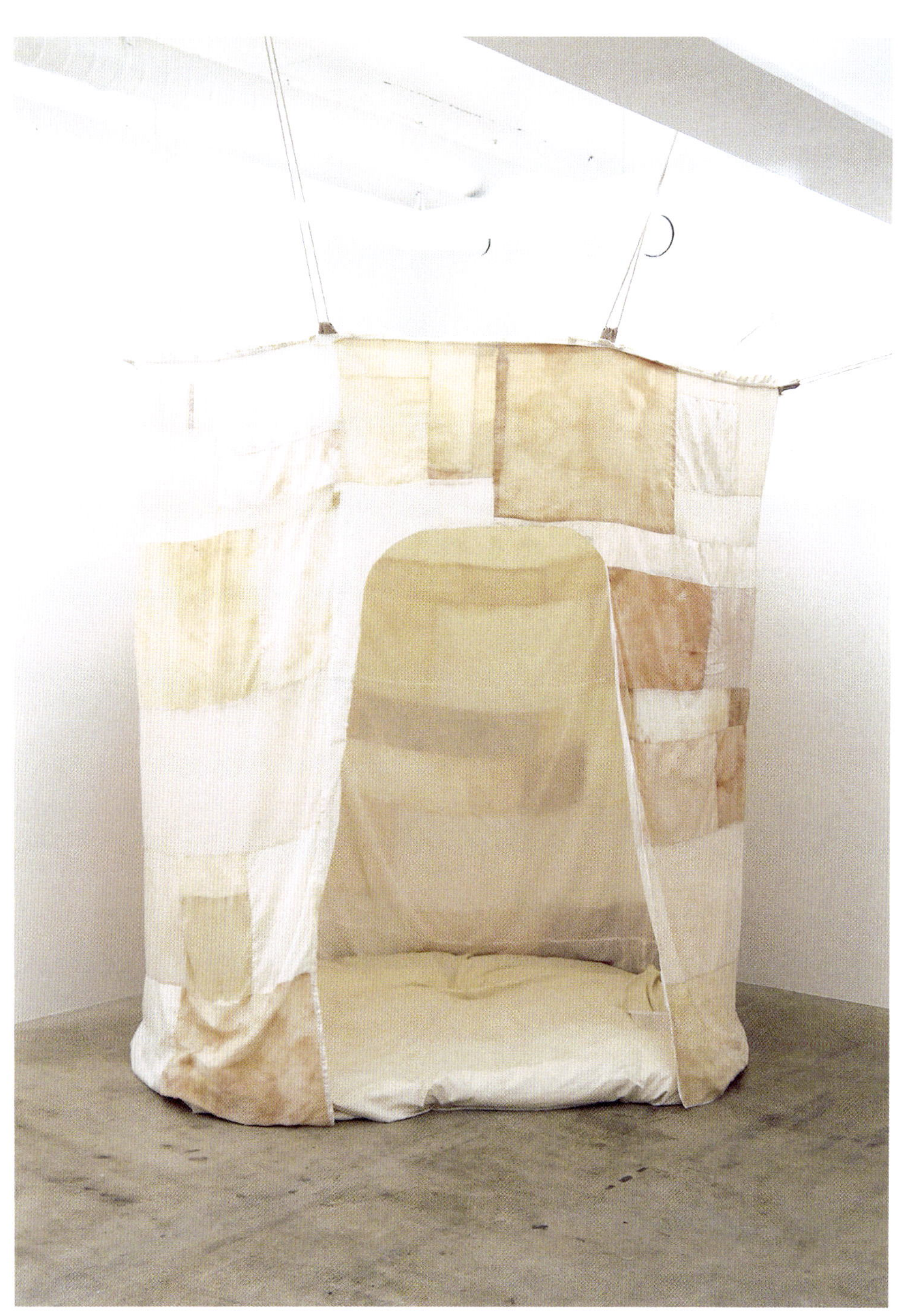

Cette installation !
SOICHI SUZUKI, TOKYO.

TEINDRE AVEC LES RESTES VÉGÉTAUX

Une activité entre jardin et cuisine, qui permet d'utiliser les épluchures pour créer des teintes naturelles.

MATÉRIEL

- du chou rouge pour des tons violets et bleus
- des épluchures de carottes, pommes de terre, oignons pour des tons beiges, orange et jaunes
- des peaux et noyaux d'avocat pour des tons roses (lavez et séchez-les au préalable)
- des épluchures de légumes (si vous les consommez, vous pouvez en demander à vos proches qui, eux, les jetteraient). Regroupez les épluchures de carottes et de pommes de terre, et réservez les peaux d'oignons. J'ai pour habitude de placer les épluchures dans une boîte scellée au réfrigérateur jusqu'au moment de procéder à la teinture. Ces matières végétales diverses contribueront à la cuve, c'est-à-dire le bain de teinture
- tout autre végétal que vous aimeriez utiliser
- des textiles dont vous ne vous servez plus : vêtements, torchons, linge de lit… je vous conseille d'utiliser des tissus à base de plantes (coton, lin et rami par ex.), car ils retiendront mieux la teinture naturelle, et de favoriser des teintes claires. Assurez-vous de leur propreté, et si nécessaire, lavez-les
- une grande casserole avec un couvercle,
- une passoire et un grand saladier avec un couvercle. Il est conseillé d'utiliser des récipients en acier inoxydable. Si vous n'avez pas de couvercle à saladier, soyez créatifs : une planche à pain fera très bien l'affaire !
- de l'eau
- du sel de cuisine (celui-ci agira comme mordant, afin de fixer la couleur)
- une grande spatule en bois
- une source de chaleur qui apportera votre bain de teinture à ébullition

ÉTAPES

1. Disposez la totalité du matériel sur votre espace de travail.

2. Placez les épluchures, ou tout autre végétal sélectionné, dans la casserole remplie d'eau

Je vous recommande la lecture de cette activité en amont, car elle commence par la formation d'un fond de textiles et de végétaux. Laissez-vous ensuite une semaine ou plus afin de collecter les matériaux nécessaires. N'hésitez pas à faire appel à votre communauté — c'est-à-dire votre famille, vos amis(e)s, vos collègues, vos voisin(e)s — afin d'accélérer le procédé.

avec 4 cuillères à soupe de sel. Couvrez, faites cuire à feu doux, et laissez bouillir. Vérifiez régulièrement la cuisson et remuez doucement de temps à autre à l'aide de la spatule. Cette étape durera 1 h au moins. Arrêtez la cuisson lorsque le liquide est coloré et qu'il commence à s'évaporer.

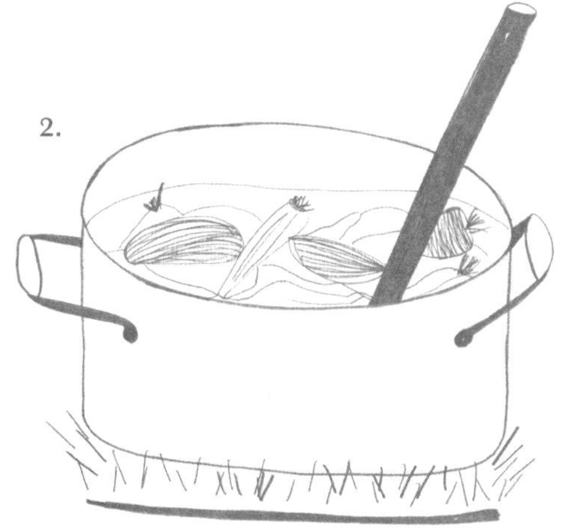
2.

3. Pendant ce temps, trempez le tissu dans de l'eau claire, puis placez-le dans le saladier en acier inoxydable. Filtrez soigneusement le bain de teinture chaud vers ce nouveau récipient ; le tissu doit être immergé dans le liquide chaud. Couvrez et laissez agir la teinture pendant minimum 1 h, et jusqu'à 24 h selon l'intensité du résultat recherché.

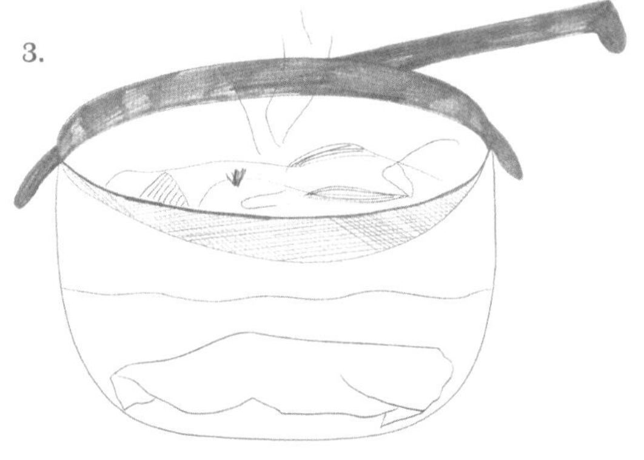
3.

4. Lavez le tissu teint avec un savon biologique, puis étendez-le pour qu'il sèche (n'utilisez pas de sèche-linge).

5. Observez et appréciez la complémentarité constructive de ce que vous perceviez plus tôt comme « des restes ». Vous pouvez utiliser ce tissu nouvellement teint pour créer une œuvre, un vêtement ou une pièce pour votre maison, comme une taie d'oreiller.

6. Une fois qu'ils auront refroidi, disposez les végétaux bouillis dans votre compost.

ALLER PLUS LOIN

Si cette expérience créative vous a plu, ou même si vous êtes déçu par votre premier résultat, continuez ! Vous pouvez également utiliser des restes de café, de thé et des coquilles de noix. Dans un second temps, expérimentez avec l'ajout de vinaigre ou de jus de citron avant le rinçage du tissu, vous serez surpris par le changement de couleur qui s'opérera.
Utilisez un mordant, comme le sel d'alun (un sel naturel à base d'aluminium), cela vous garantira une fixation optimale et durable de la couleur, même après plusieurs lavages en machine et des années d'utilisation. Si vous utilisez du sel de cuisine, comme je le fais, l'intensité des couleurs diminue visiblement après plusieurs lavages en machine, ce qui m'amène parfois à reteindre.
Avec l'utilisation de l'alun, le port de gants est recommandé ; attention aussi à ne pas respirer la poudre fine. Pour ceux qui utiliseraient des tissus neufs, ôtez les possibles couches d'amidon dont ils sont fréquemment revêtus. Pour cela, lavez le tissu, puis laissez tremper 1 h.
Pour les enthousiastes, la création d'encre ou de pigment pour peinture à l'huile est quelque peu semblable. Si cette activité de teinture végétale vous a plu, c'est peut-être pour vous le début d'un parcours intime dans la création de pigments.

V

De la feuille à la page

Le papier est utilisé pour l'écriture, le dessin, la peinture, l'impression, l'emballage et certains types d'architecture et de vêtements. C'est un matériau que l'on emploie quotidiennement. Un exemple se trouve entre vos doigts avec cet ouvrage et de nombreux échanges ont dicté le choix de son papier. Les feuilles de papier existent en différentes épaisseurs et sont réalisées à partir de la pulpe de substances fibreuses. Une partie de l'histoire humaine nous a été transmise grâce au papier et c'est un médium toujours plus utilisé.

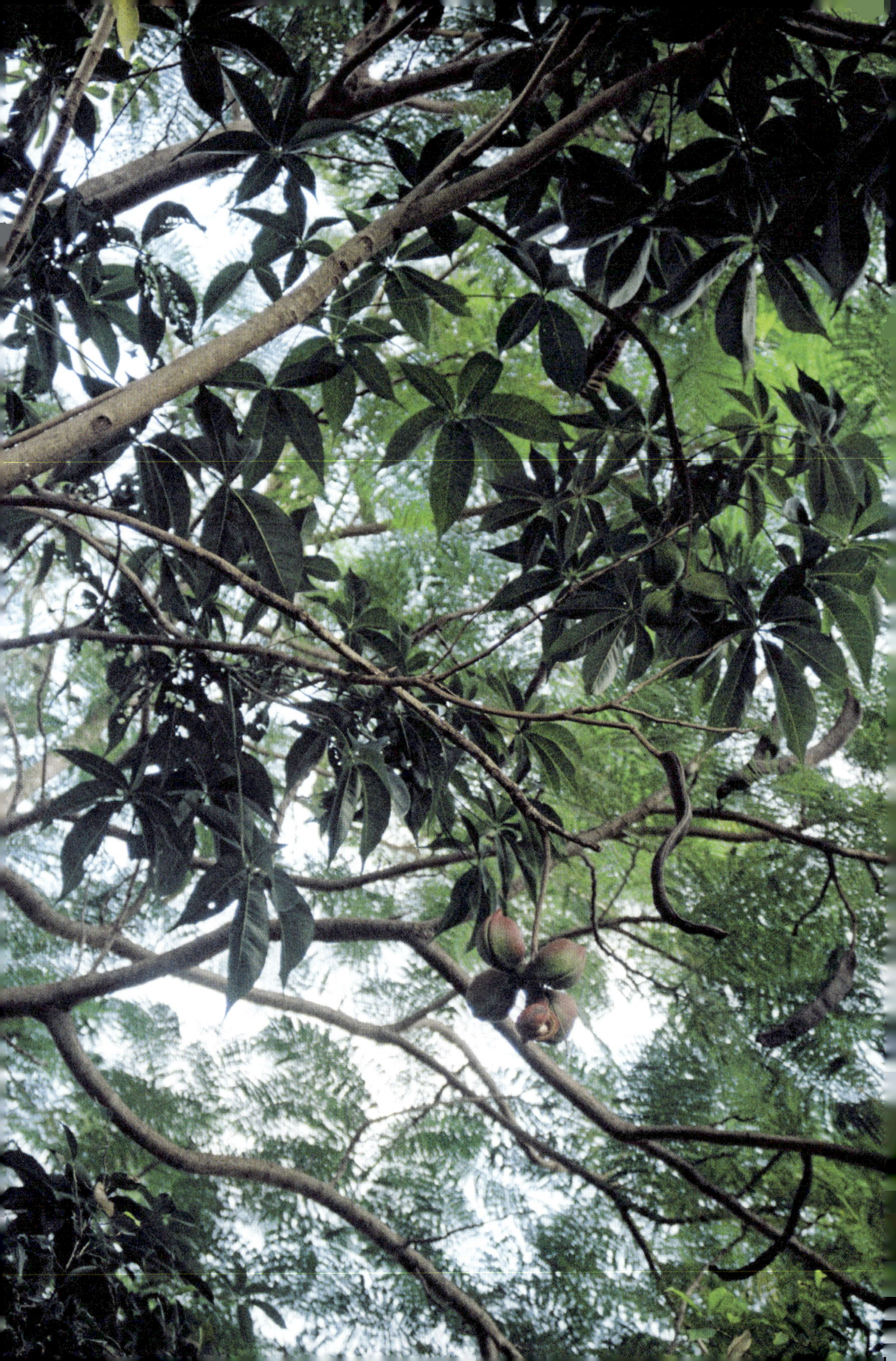

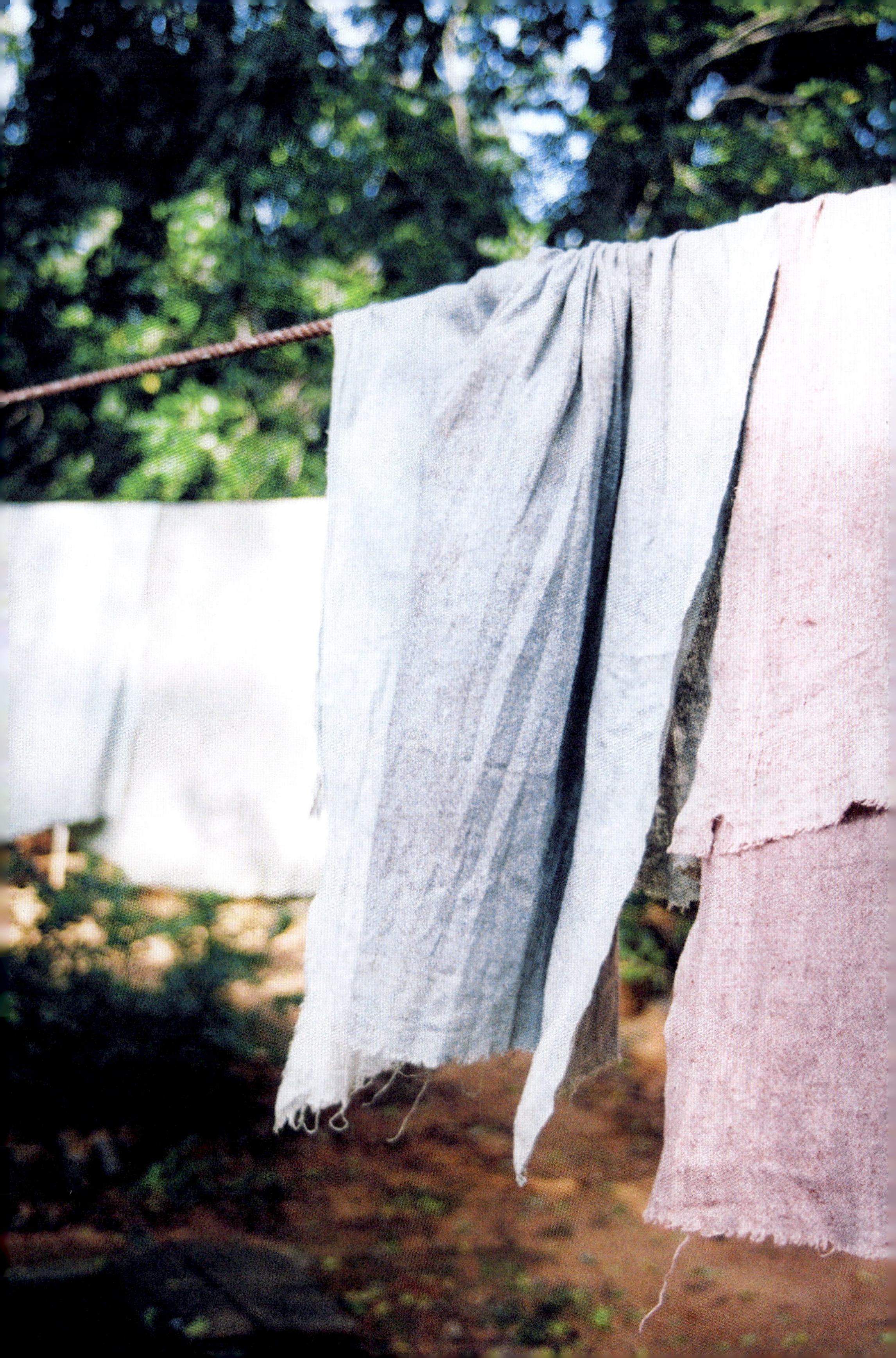

Une brève histoire du papier

La véritable origine du papier est parfois contestée. Cai Lun, un fonctionnaire eunuque de la cour de l'empereur chinois de la dynastie Han (206 av. J.-C.-220 apr. J.-C.), est à présent reconnu pour avoir, en 105, inventé le papier et son processus de création moderne. Certains historiens ont cependant trouvé en Chine des fragments de papier fabriqués à partir de chanvre datant de près de deux siècles avant cette date.

En Asie, les matériaux utilisés pour fabriquer les premières feuilles de papier furent le bambou, l'écorce d'arbre et d'autres matières végétales. C'est par la culture islamique en Afrique du Nord que le papier est parvenu en Europe médiévale, grâce aux marchands sillonnant la route de la soie. Les Arabes se sont formés à la technique de fabrication du papier au VIIIe siècle auprès des Chinois et ont diffusé ce savoir lors de campagnes militaires dans le Nord de l'Afrique et le Sud de l'Europe. Lorsque la fabrication du papier a atteint l'Europe, il fut d'abord créé à partir de vieux chiffons recyclés, issus de la fabrication de draps, souvent en chanvre. Ce procédé éliminait les étapes de récolte et de préparation des fibres végétales. En France, la fabrication du papier a débuté entre la fin du XIIIe et le début du XIVe siècle, et a précédé l'imprimerie.

Le papier, qui existe dans une variété incommensurable, est un matériau polyvalent. Au Japon, il est utilisé dans les *shōji,* ces portes-fenêtres coulissantes aux cloisons extérieures, constituées d'un cadre en bois en treillis, recouvertes de papier translucide. J'ai le souvenir d'avoir accompagné des amis à Kyoto qui souhaitaient se procurer de nouvelles feuilles de *washi* pour leur *shōji.* Mon enthousiasme pour la découverte du *washi* a guidé le reste de ce voyage au Japon. Le *washi* est un papier japonais, fabriqué artisanalement depuis le VIIe siècle, qui utilise les écorces internes de trois possibles plantes (*kozo, mitsumata* et *gampi*) toutes originaires du Japon. Plus récemment, j'ai découvert le papier *hanji* coréen, traditionnellement fabriqué à partir d'écorce de mûrier, originaire de la région.

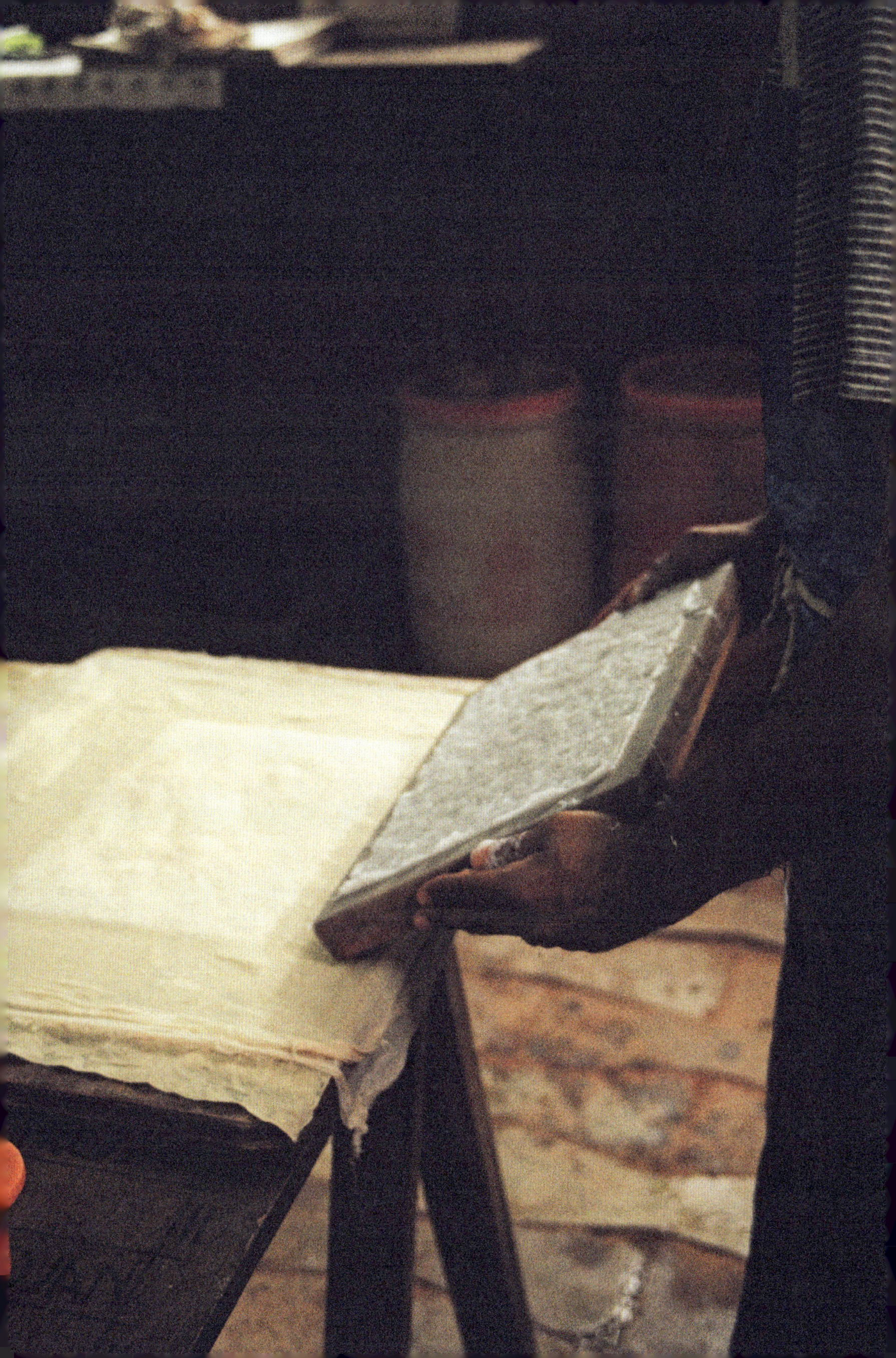

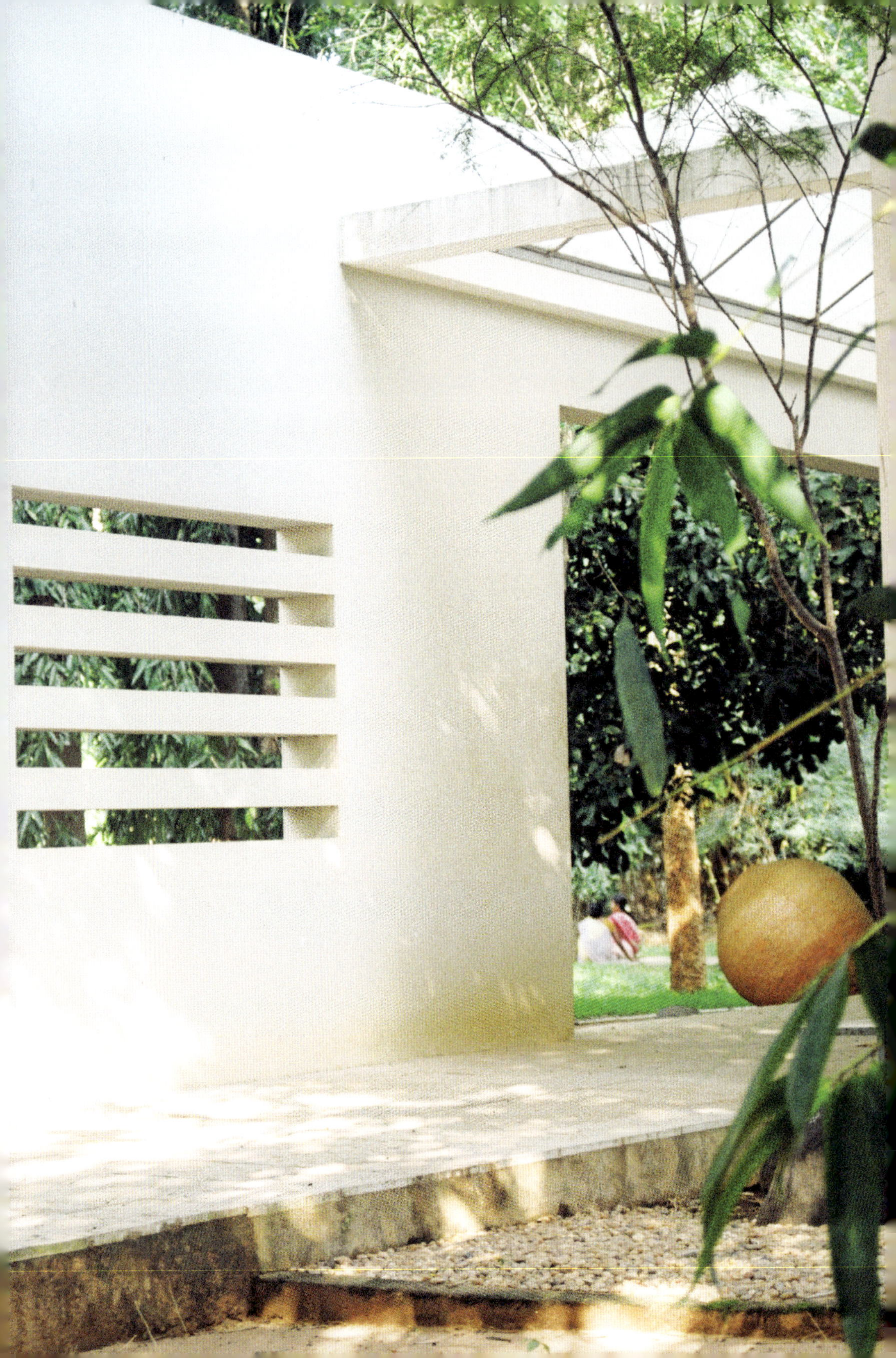

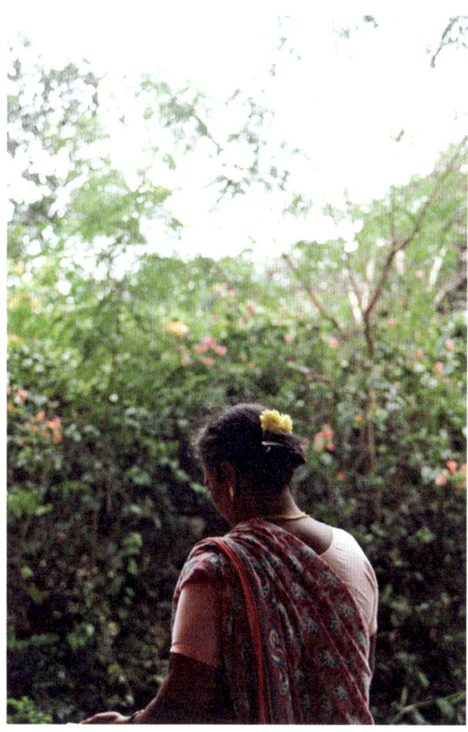

Rigoler avec ma sœur.
ANONYME, LONDRES.

Auroville Papers

Il est dit que le papier est arrivé en Inde depuis la Chine *via* le Tibet et le Népal vers le milieu du VIIe siècle. Et c'est en Inde, à Auroville Papers, lors des journées partagées, que j'ai appris à faire du papier. J'y ai fait l'expérience de ce qu'a exprimé Luisa Meneghetti : « L'art de la fabrication du papier recèle des possibilités illimitées ».

Ma curiosité et mon enthousiasme pour Auroville Papers sont le résultat naturel et fructueux de l'acquisition d'un carnet de croquis Auroville Papers lors de la visite d'une papeterie locale au sud de l'Inde. Être dans une papeterie est un plaisir incontestable : la douceur du papier, la mine d'un crayon, les tonalités d'une rangée de pastels gras. Explorant les possibilités physiques et créatives de transformation des matériaux dans ma pratique artistique, je suis restée intriguée par la note imprimée à l'intérieur du carnet à dessin Auroville Papers indiquant qu'aucun arbre n'avait été coupé pour sa fabrication.

Un pique-nique dans la neige avec mon cher ami Jonathan.
ANONYME, STRASBOURG.

Auroville Papers est un fabricant de papier situé dans l'État rural du Tamil Nadu, dans le Sud de l'Inde, et fait partie intégrante d'Auroville, un projet de communauté expérimental fondé en 1968. Depuis sa création, Auroville Papers se concentre principalement sur le papier fait à la main à partir de restes de coton, de fibres végétales et de papiers recyclés collectés dans les écoles et dans les bureaux à proximité. Au fil du temps, plusieurs méthodes innovantes ont été développées en récoltant directement et localement des plantes indigènes comme les feuilles de bananier. La méthode de production d'Auroville Papers *via* le recyclage quotidien commence par la collecte des restes de la production de vêtements en coton biologique des entreprises voisines. Les vêtements sont rassemblés au complexe de fabrication et coupés à la main en petits morceaux. Ces segments individuels sont alors dissous dans l'eau. Le mélange créé et stocké dans de grands bassins est finalement placé sur une grille fine, un outil qui nivelle l'épaisseur des feuilles de papier en devenir. Le processus manuel se poursuit ; les feuilles étant créées une à une, au rythme du vent, de la pluie sur le toit métallique et du chant des oiseaux qui se rassemblent sur la verrière. La production de papier repose sur des plateaux en bois et aboutit à des feuilles de papier individuelles. Celles-ci sont au préalable séparées par des toiles de coton blanc et pressées afin d'en extraire l'eau grâce à une force de compression mécanique impressionnante. Enfin, les feuilles sont soulevées et séparées des textiles une à une, afin de les laisser sécher pendant plusieurs jours entre des morceaux de papier empilés, cette fois-ci bien plus grands et plus épais dans des tons pastel. L'eau et le temps jouent un rôle essentiel dans ce processus de production naturel. Auroville Papers est actuellement en mesure de proposer des papiers écologiques tout en préservant l'intégrité du processus de création. Il existe de telles petites manufactures de papier et des artisans à travers le monde.

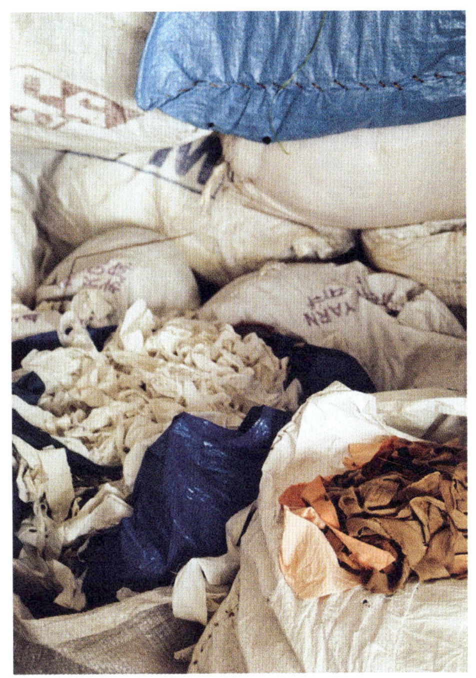
YARN

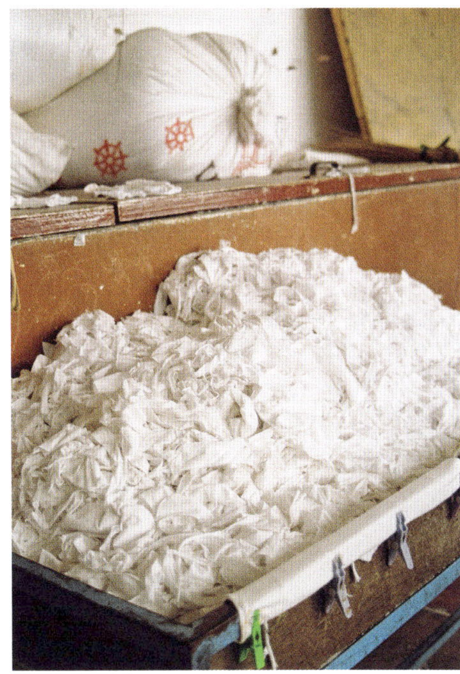

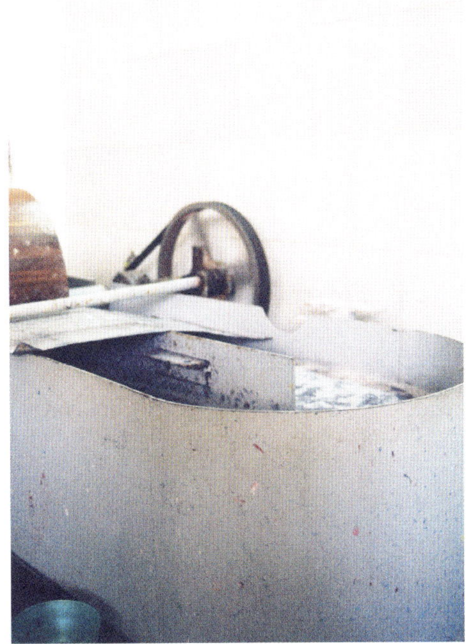

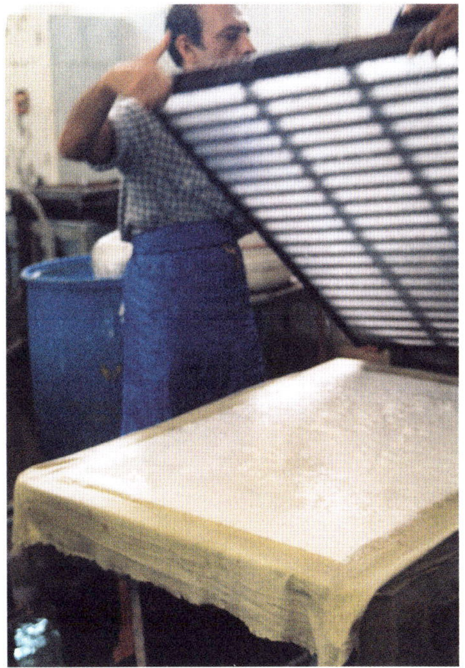

Écrire dans mon cahier et voir l'encre des mots envahir progressivement le papier.
ANONYME, STRASBOURG.

Un présent froissé

Bien qu'Internet nous offre un excellent accès aux connaissances et aux ressources, rien n'égale ma joie de parcourir une publication imprimée et d'explorer une bibliothèque. La production industrielle de papier peut contribuer à de nombreux problèmes environnementaux, notamment la déforestation, la pollution de l'air et de l'eau, et les émissions de gaz à effet de serre. La demande de papier augmente rapidement et des problèmes écologiques apparaissent, principalement lorsque celui-ci n'est pas produit, approvisionné et recyclé de manière responsable. Chaque papier présente des avantages et des inconvénients en termes d'impact environnemental. Bien qu'il soit parfois plus durable d'utiliser des alternatives numériques, gardons à l'esprit les ressources nécessaires au maintien des espaces de stockage des données.

Il ne s'agit pas d'adopter le digital plutôt que le papier et *vice versa*, mais plutôt de les utiliser avec une attention redoublée ; par exemple en considérant le tirage d'une publication ou la nécessité de sauvegarder les multiples variations d'une photographie.

Il n'y a rien de tel que de tenir une feuille de papier ayant vécu, traversé le temps, et de poser les yeux sur une note ou un dessin transmis par nos ancêtres. Trouver dans le coin d'un tiroir une recette écrite par un membre de famille décédé, ou même une liste de courses, provoque un sentiment de proximité que le digital ne peut reproduire.

Faire du papier à la maison

Pour ceux qui aiment le recyclage, le papier est idéal. Les arbres ne sont pas nécessaires pour créer des feuilles de papier. Suite à mon apprentissage, j'ai aimé expérimenter la fabrication du papier avec divers matériaux. J'ai notamment utilisé les pelures de rhubarbe, mises de côté lors de la confection de confiture, afin de créer une feuille de papier sculptural d'un brun épais. Dans mon atelier, je récupère mes déchets de papier pour réaliser des collages ou les broyer pour créer une nouvelle pâte à papier. Fabriquer du papier, c'est un peu comme cuisiner ; avec le temps, quelques conseils et la pratique, une recette personnelle voit le jour.

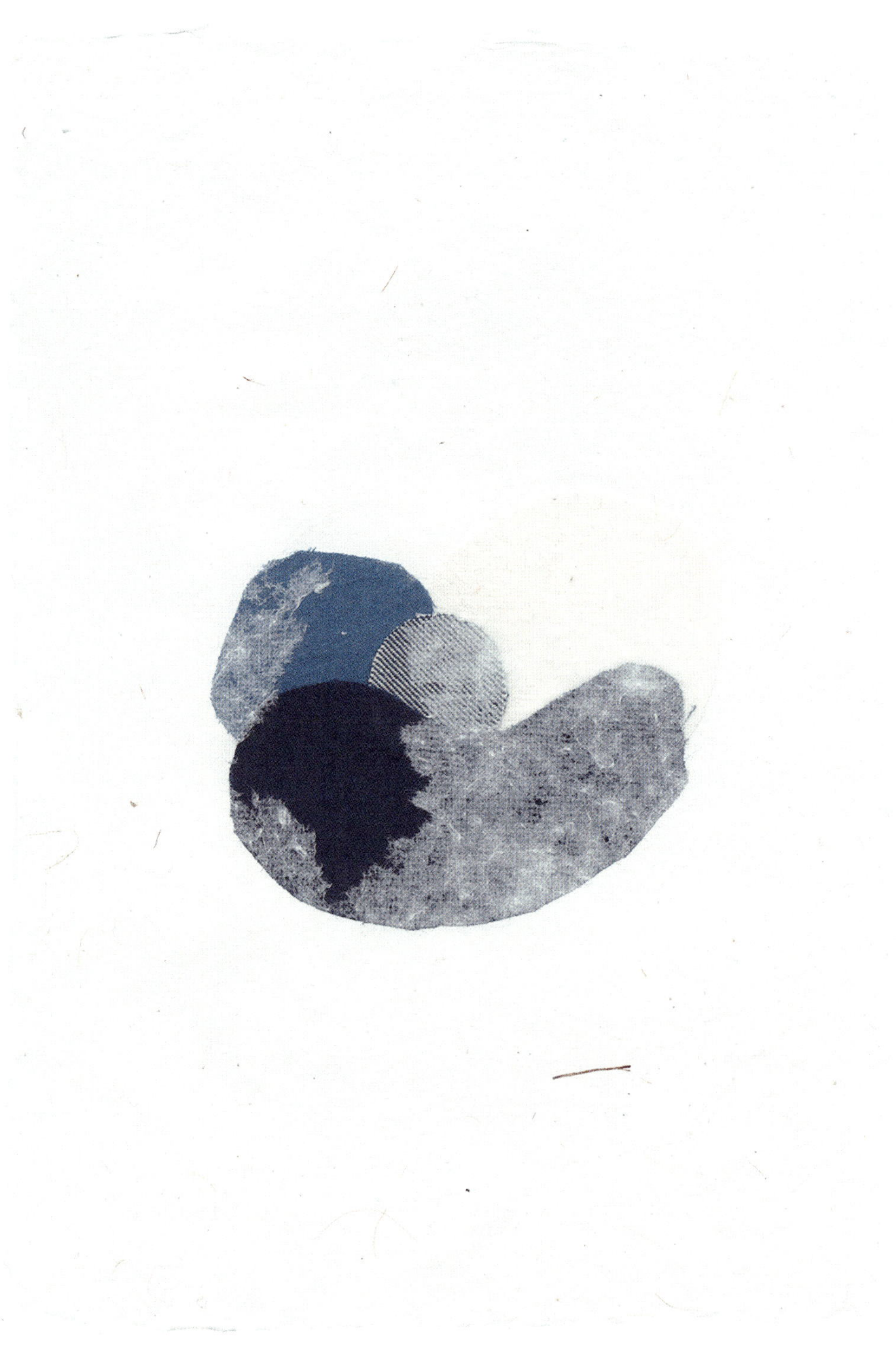

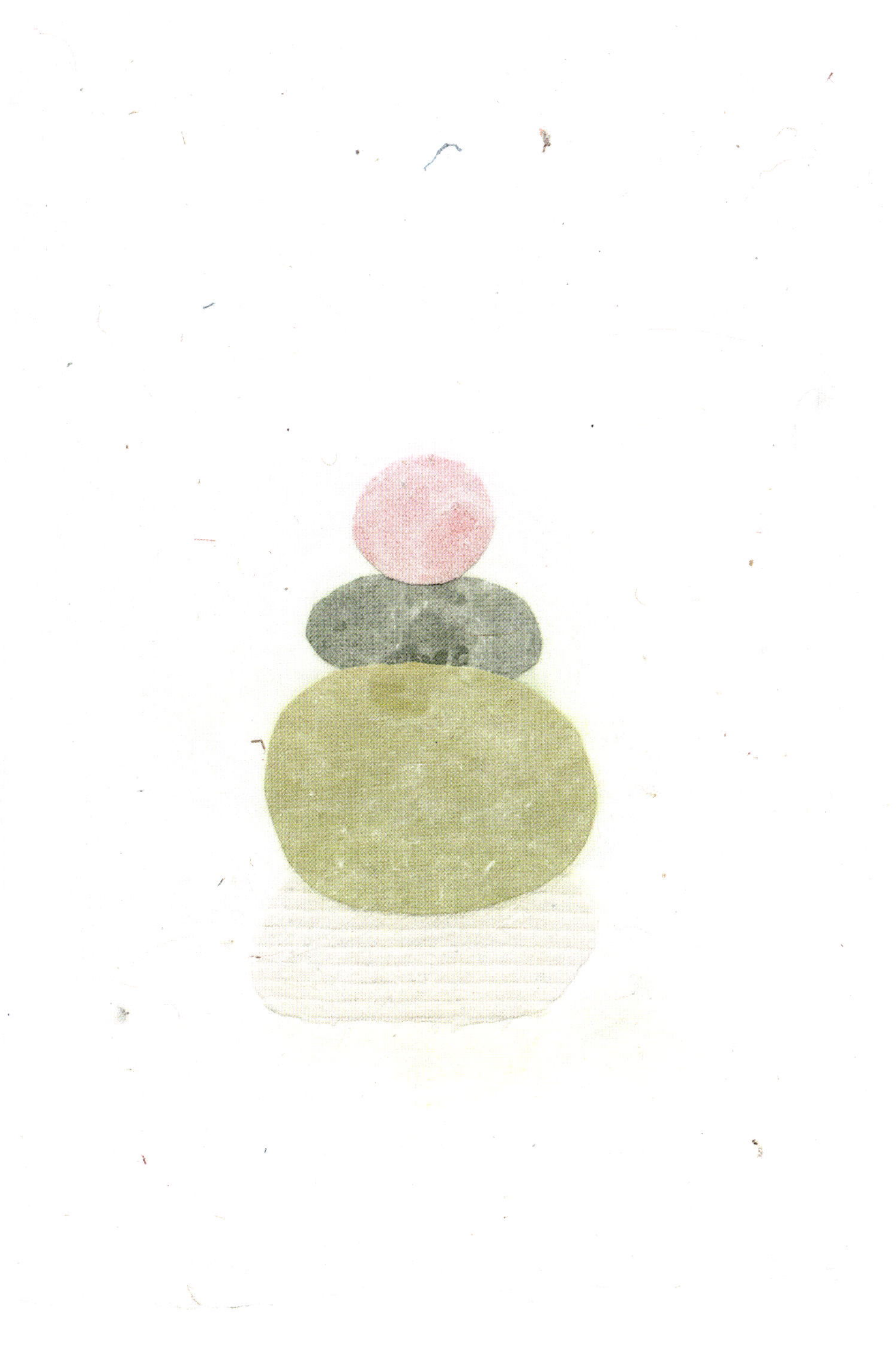

FABRIQUER DU PAPIER

L'activité la plus complexe du livre, qui demande plus de temps, de matériel et un espace de travail plus grand.

MATÉRIEL

- de l'eau
- une éponge propre
- des pinces à linge
- un mixeur de cuisine
- des feuilles de papier journal
- une corde à linge ou un étendoir
- un moule à papier rectangulaire avec une grille et une plaque en bois (peu cher et trouvable facilement en boutique de loisirs créatifs)
- plusieurs feuilles de papier propres et épaisses
- plusieurs serviettes propres dédiées à ce projet
- des morceaux de tissus en coton dont vous ne possédez plus l'utilité
- deux planches en bois ou en métal, plus grandes que le moule à papier
- des morceaux de papiers utilisés recyclables (papier de bureau, papier d'imprimante en partie utilisé, etc.)
- une cuve rectangulaire (un bac en plastique par ex.), plus grande que le moule

FABRICATION DE LA PULPE

1. Remplissez aux trois quarts le mixeur avec de l'eau.

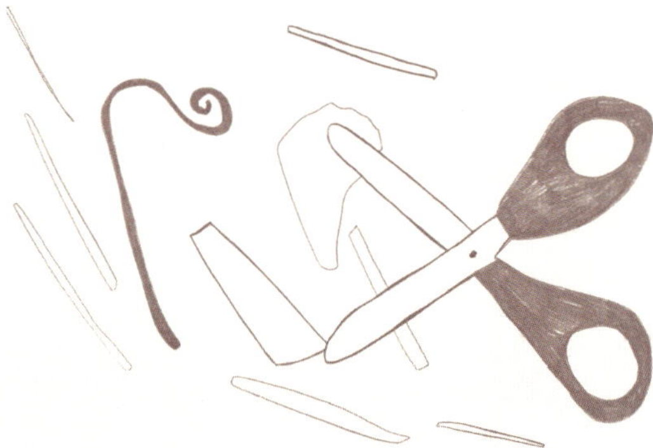

2. Coupez les rebuts de tissu en coton et les morceaux de papiers en fines lamelles. Ajoutez-en 1 à 2 poignées dans le mixeur.
3. Commencez à mixer en augmentant la vitesse graduellement, vous obtiendrez ainsi de la pâte à papier. Une minute est en général nécessaire afin d'obtenir la bonne consistance.
4. Videz le contenu du mixeur dans la cuve.

Bien qu'il soit préférable d'avoir un mixeur dédié à cette activité, vous pouvez utiliser un mixeur de cuisine standard pour mixer la pulpe. Assurez-vous de bien nettoyer votre mixeur avant de l'utiliser à nouveau en cuisine. Utilisez du papier recyclé blanc uni si vous voulez fabriquer du papier tirant vers le blanc ; le papier de bureau imprimé ou très utilisé donnera un gris clair. Je vous encourage à expérimenter avec différents types de papiers et textiles afin de créer des variations. Plus il y aura de pâte dans votre eau de préparation, plus les feuilles seront épaisses.

PRÉPARATION DE FEUILLES DE PAPIER À PARTIR DE LA PULPE

1. À la main, mélangez la pulpe dans la cuve jusqu'à obtenir une préparation homogène. Elle ne doit être ni trop épaisse ni trop liquide. Si nécessaire, ajustez en ajoutant soit de la pulpe soit de l'eau. Au fur et à mesure de la fabrication de feuilles, vous devrez ajouter de la pulpe.

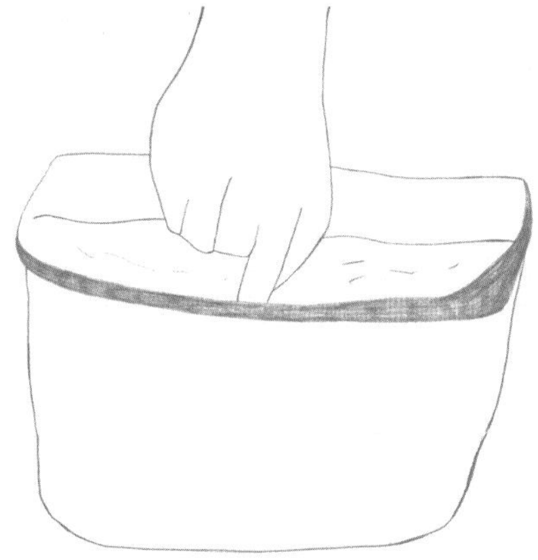

2. Plongez le moule à papier et sa plaque dans la cuve remplie d'eau et de pulpe. Tous les côtés du moule doivent être immergés.

Tenez les bords les plus courts du moule dans vos mains. L'une des parties les plus longues doit être pressée contre l'un des bords de la cuve : la grille doit être immergée.

3. Dans la cuve, maintenez le moule et sa plaque ensemble dans un angle à 50° environ. Collectez la pulpe dans le moule en le ramenant vers vous.

4. Placez le moule et sa plaque parallèles au fond de la cuve, soulevez-les et secouez-les légèrement d'avant en arrière et de gauche à droite afin de sécuriser l'emplacement de la pulpe.

COUCHER LA FEUILLE DE PAPIER

1. Placez une serviette sur une planche : c'est votre surface de transfert.

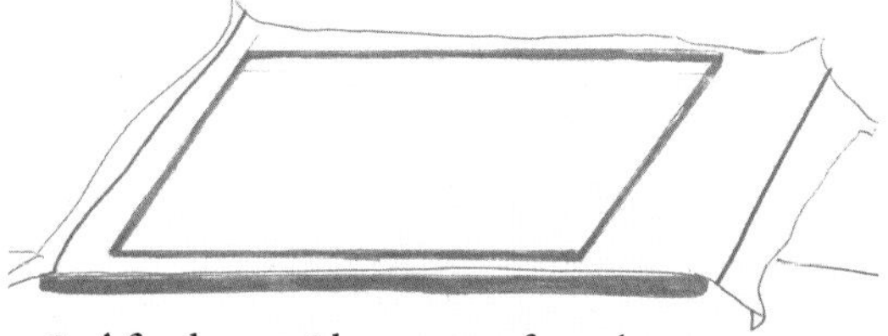

2. Afin de procéder au transfert, placez un bord du moule sur la serviette, la feuille humide obtenue face au support de transfert.

3. Déposez soigneusement la totalité de la feuille humide sur la serviette et appliquez une pression uniforme sur le moule afin de vous assurer que la feuille se transfère entièrement.

4. Soulevez légèrement un bord du moule en vous assurant que la feuille soit apposée sur le support de transfert, puis retirez le moule.

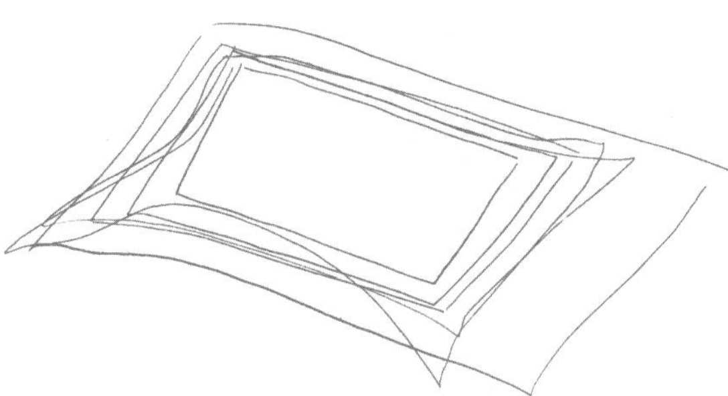

5. Placez délicatement un tissu sur la feuille que vous venez de réaliser. Fabriquez une autre feuille, puis transférez-la par-dessus, alignée avec celle du dessous.

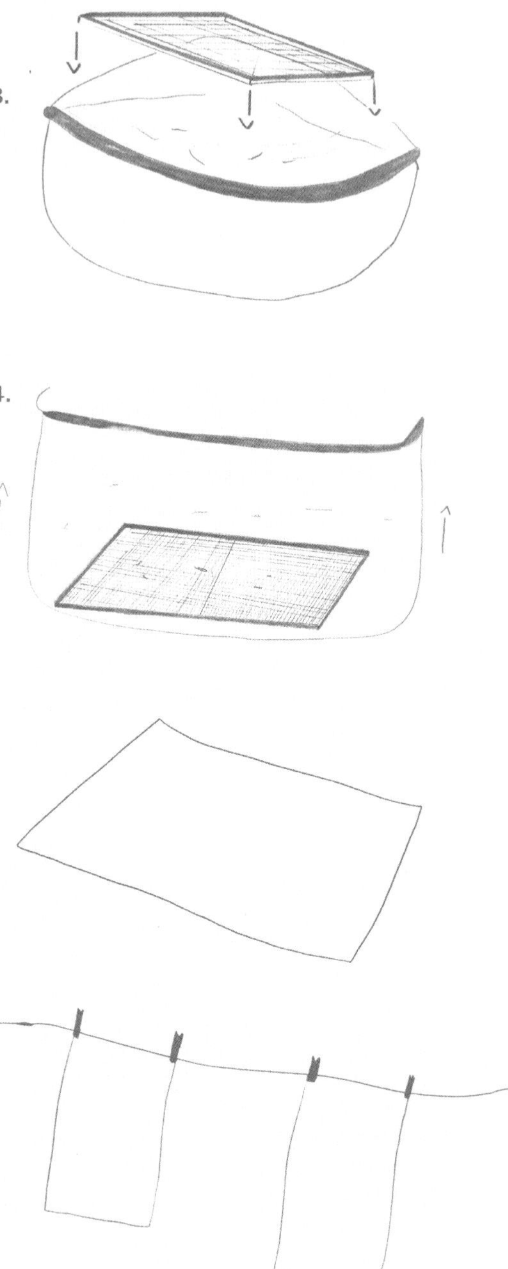

PRESSER ET SÉCHER LES FEUILLES

1. Après avoir créé plusieurs feuilles, pressez la pile obtenue afin d'évacuer une partie de l'eau encore contenue dans les feuilles en devenir. Pour cela, placez une nouvelle serviette sur le haut de la pile, puis une seconde planche.

2. Pressez avec vos mains et essuyez à l'aide d'une éponge l'eau qui s'écoule.

3. Enlevez la seconde planche de votre pile, puis la serviette, et soulevez la feuille de papier (attachée jusque-là à sa surface de transfert). Déposez-la sur un tissu sec ou un journal qui absorbera l'excès d'eau.

4. Placez une feuille sèche, propre et épaisse par-dessus pour protéger la surface de papier humide.

5. Faites de même avec toutes les feuilles. Vous formerez une nouvelle pile que vous laisserez sécher pendant 24 h. Nettoyez votre matériel de travail.

6. Le lendemain, étendez délicatement les feuilles de papier sur une corde à linge ou un étendoir, afin de peaufiner le séchage. Si vous étendez vos feuilles à l'extérieur, prenez garde à la pluie et au vent.

ALLER PLUS LOIN

Utilisez ces feuilles de papier pour confectionner un carnet (*cf.* activité p. 30).
Vous pouvez fabriquer votre propre moule à papier en utilisant de vieux cadres et un morceau de grille très fine, type moustiquaire, en aluminium bien tendu.

VI

Un moment avec une plante

J'aime poser mes yeux sur une plante. La nuance de formes, de textures, de couleurs ne cesse de me surprendre et de m'émerveiller. Chaque jour est une métamorphose : un bourgeon qui s'ouvre, une feuille en décomposition dont la tonalité se transforme, la surprise d'une jeune pousse, un changement dans la texture de la terre ou la courbure d'une tige.

Comme un grand nombre de personnes l'ont auparavant dit et écrit, nous, humains, pouvons apprendre grandement des plantes en étant attentifs à leurs manières d'appréhender leur environnement et de s'adapter aux conditions changeantes. Il n'est pas nécessaire de connaître une myriade de faits ou de noms latins pour bénéficier du bienfait des plantes et les maintenir en vie et en bonne santé. Ma grand-mère, qui

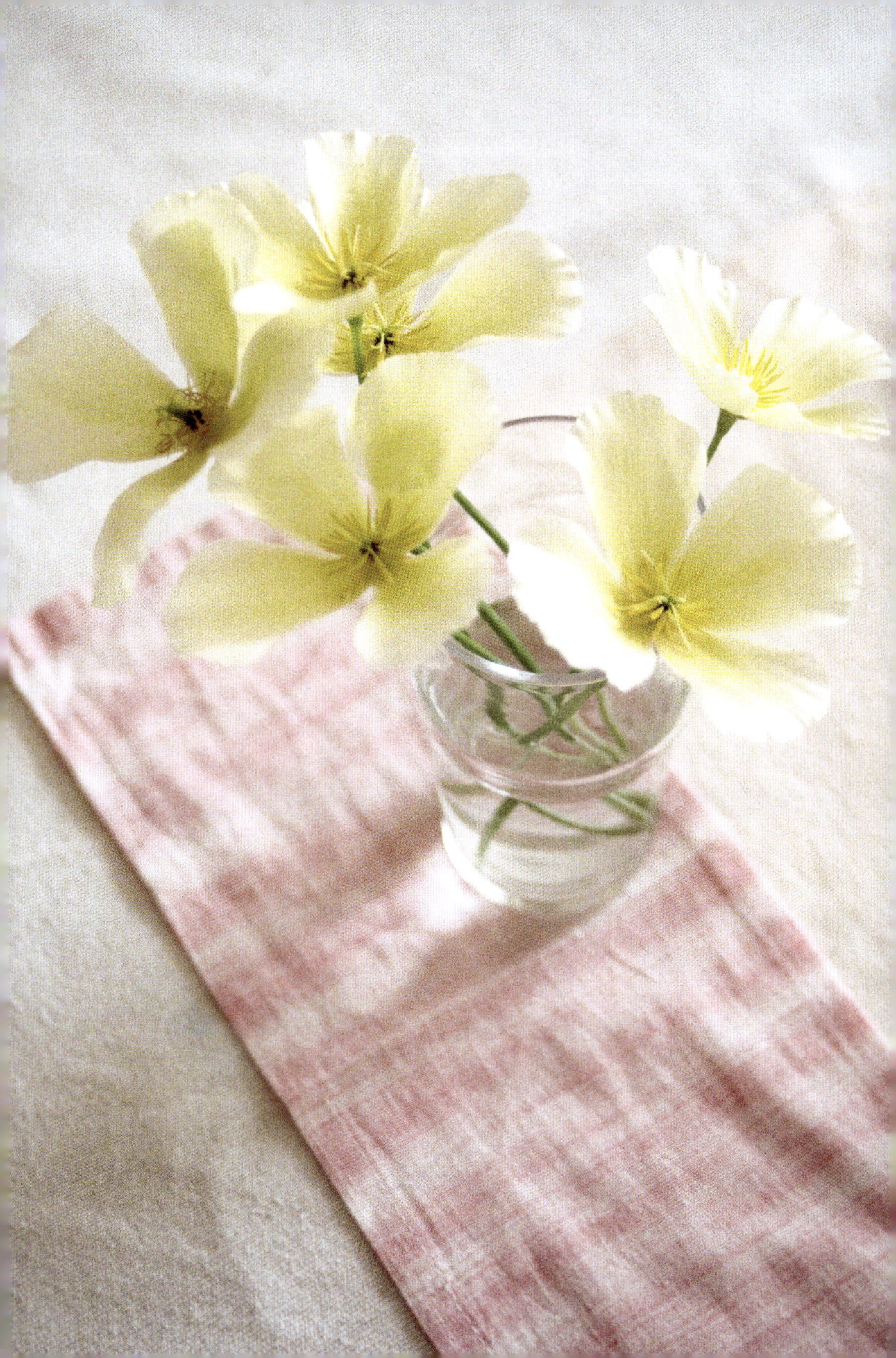

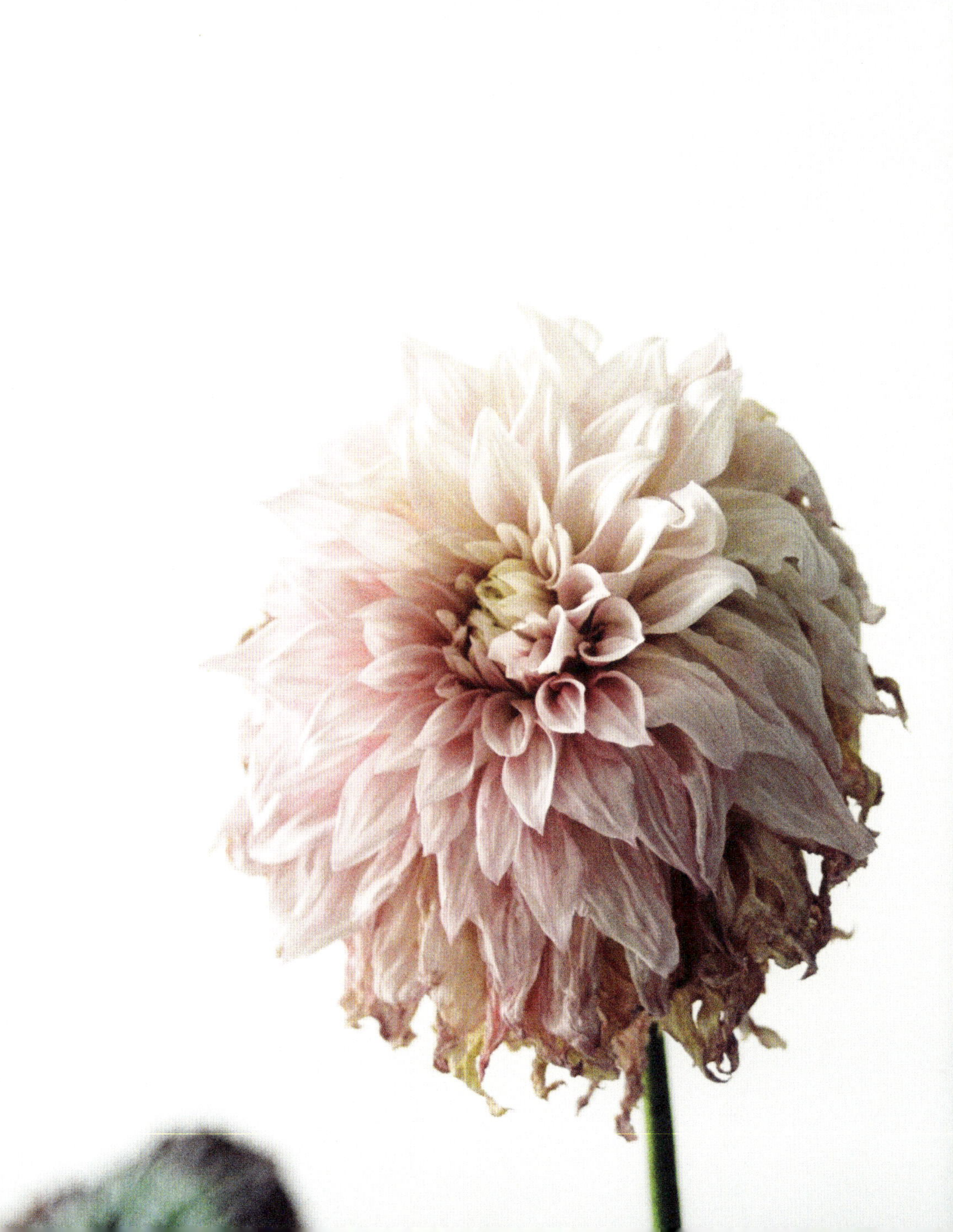

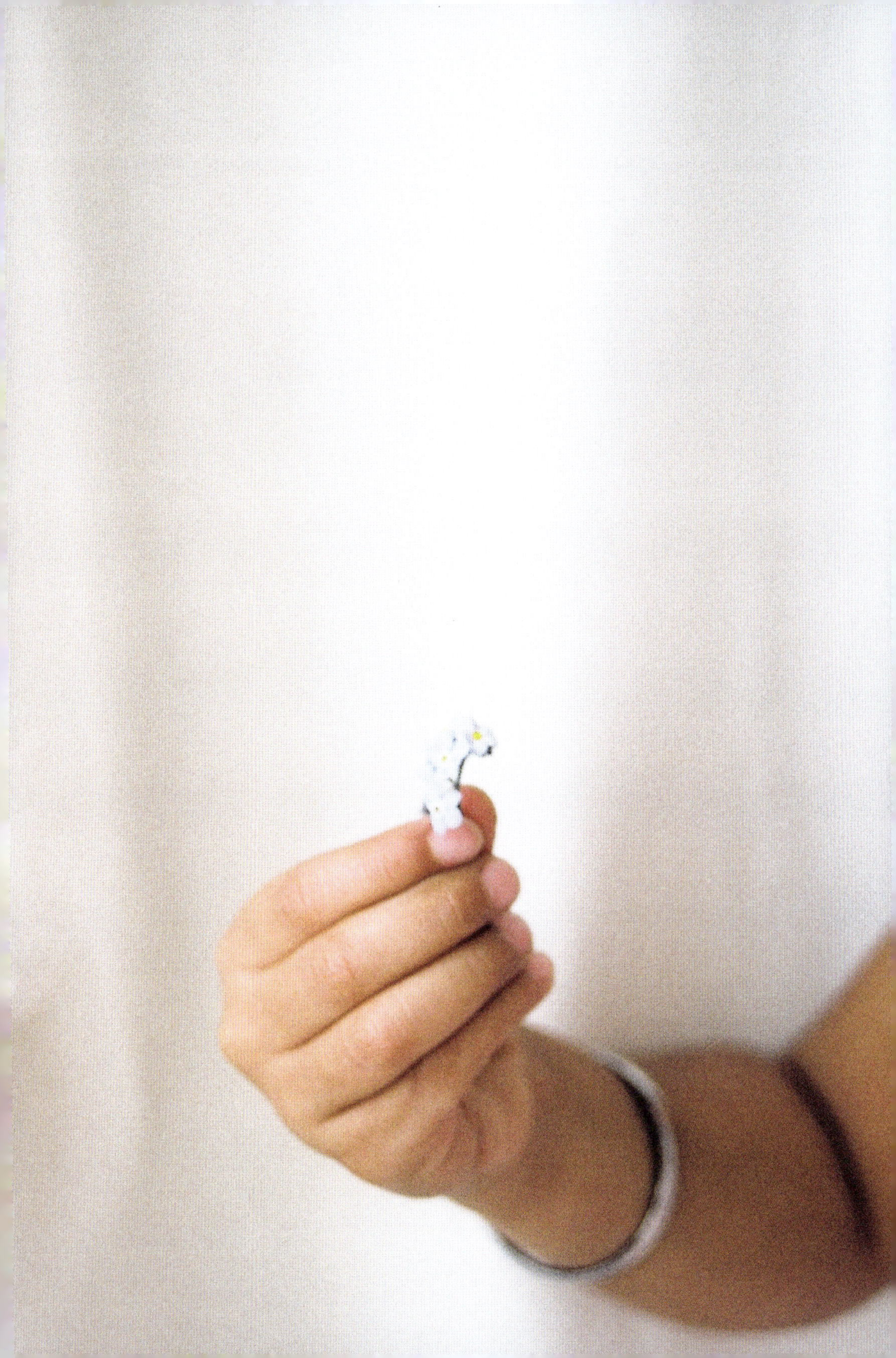

vivait avec plus de 500 plantes en pots, ne se souciait guère de leurs noms ! Elle connaissait parfaitement bien les besoins et les caractéristiques de chacune d'elles grâce à leur observation quotidienne et plusieurs décennies passées parmi elles.

La volonté d'habiter le présent

Dans ma routine matinale, je privilégie la contemplation des plantes, déconnectée de la technologie numérique quelques heures après mon réveil. C'est ma façon de refuser de laisser nos modes de vie contemporains, avec cette tendance au « toujours disponible », m'atteindre à tout moment. Je peux habiter pleinement le présent, ne serait-ce que pour quelques-unes de mes heures éveillées.

Mon petit-déjeuner est partagé avec mon mari ou avec des plantes. Instagram et les applications de messagerie arrivent plus tard, une fois que j'ai traversé un autre ensemble d'habitudes matinales. Dans un monde où échapper à la surstimulation est difficile, de tels moments avec les plantes procurent repos, silence et soins personnels. Contempler une plante comme pratique régulière peut être une forme de méditation, de prière ou de ressourcement.

Le son de la mine sur le papier

Le matin, quand je pense aux challenges de la journée de travail qui m'attend, l'auto-questionnement me dépasse parfois. Je me verse dans ce cas généralement une autre tasse de thé et j'ouvre mon carnet de croquis afin de dessiner à la maison — puisque j'ai la chance de pouvoir prolonger le moment. Je dessine souvent des détails de mon espace

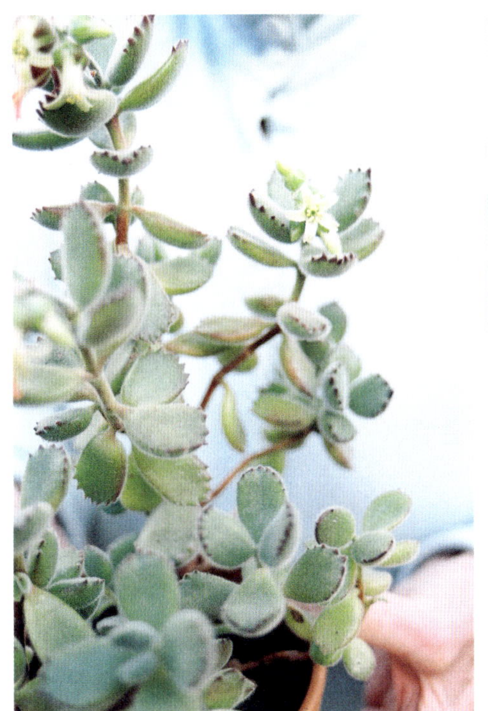
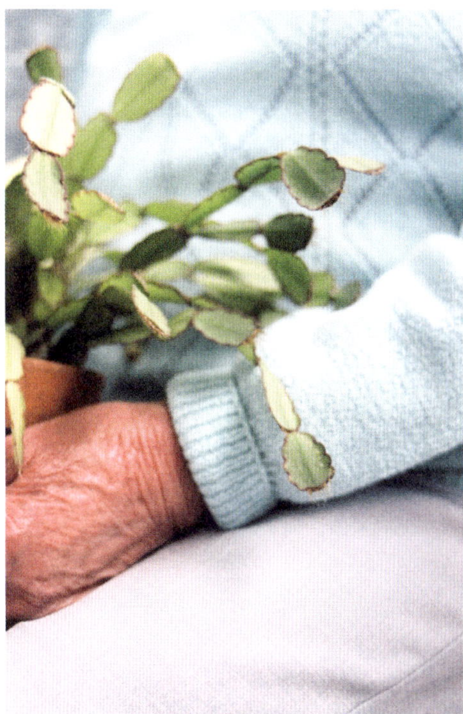

CI-DESSUS : photographies de ma grand-mère Yolande et ses plantes, extraites de la série *Les Plantes de Mamie* (2012-19). Ma grand-mère avait un penchant particulier pour les cactus et succulentes. Nous vivons avec certaines boutures de ses plantes et j'aime les observer.

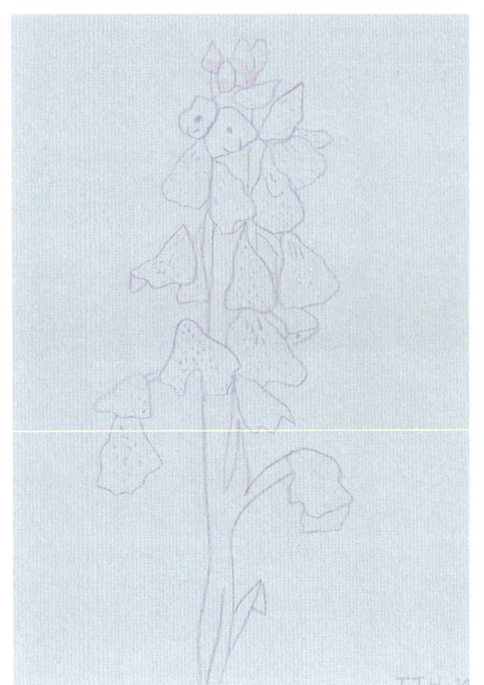

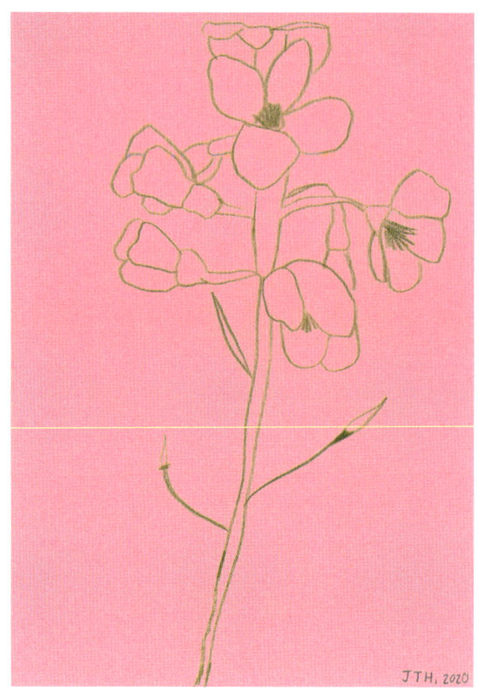

JTH, 2020

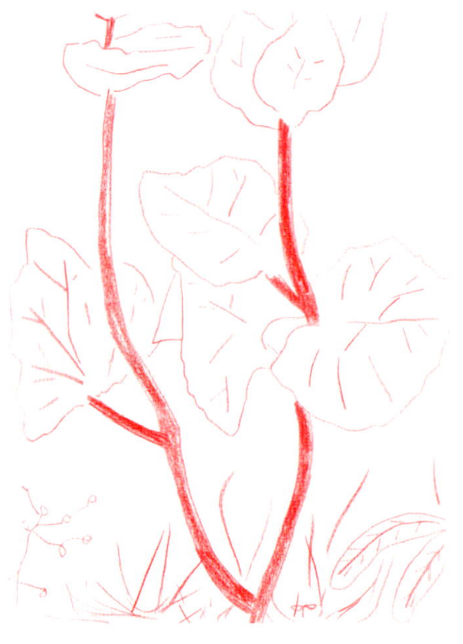

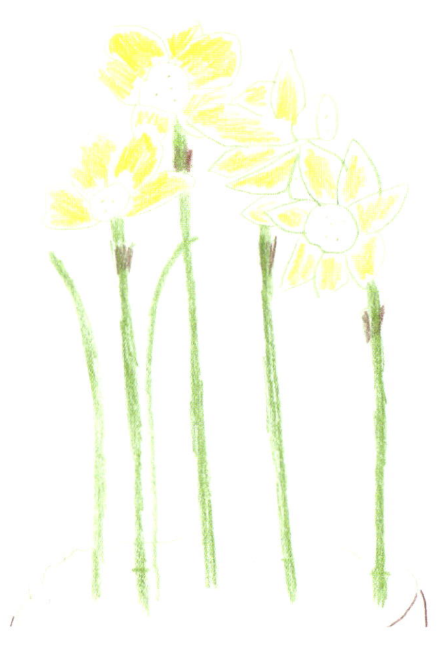

Quand j'ai fini une peinture et je me dis « wow, c'est moi qui ai fait ça ? »
ANONYME, STRASBOURG.

de vie intérieur ou extérieur, une plante en pot ou une fleur dans un vase. C'est une autre manière de passer du temps en compagnie des plantes. L'acte de dessiner libère l'intellect et je prends beaucoup de plaisir à admirer ces plantes sous différents angles et lumières. Au bout de quelques minutes, mon attention au sujet est totale, mes préoccupations changent et mes émotions sont allégées, comme si elles étaient pressées sur le papier par le crayon.

Dessiner émet un son quasi imperceptible ; il y a également le mouvement et le sens du toucher qui stimule l'esprit. Avec le dessin, à l'inverse de la peinture, je ne me fixe pas de but de pièces achevées, et pourtant, je me sens généralement satisfaite quand je pose le crayon et ferme le carnet de croquis afin de continuer la journée. Lorsque je bois la dernière gorgée de thé, je suis pleine de confiance en moi grâce à ces quelques minutes de dessin et cette connexion avec moi-même. C'est ce sentiment positif que je souhaite partager. Peu importe la familiarité d'autrui avec le dessin : enfant, nous dessinons et il est bien dommage de laisser de côté cette activité une fois adulte.

Croquer en pleine conscience

Le dessin et la peinture peuvent être une forme de méditation, car ils nous aident à concentrer notre attention sur le moment et l'environnement présent, ce qui n'est pas toujours facile. La pleine conscience demande une certaine concentration et attention qui peuvent être apprises, exercées et provoquées en contemplant des plantes, en dessinant et en peignant. Le dessin et l'esquisse, deux méthodes utilisées en art-thérapie, aident à améliorer la créativité, la mémoire et soulagent du stress.

À mes yeux, le plaisir du dessin, y compris la simple création de trace sur une surface, et le dessin d'observation, soutiennent le développement de compétences horticoles. Les plantes et les insectes seront aisément identifiables pour celui qui est habitué à voir à travers le dessin. Les capacités cognitives et motrices, y compris la coordination, sont développées et utilisées en s'engageant dans ces deux activités.

Ikebana & peinture

Une autre façon d'apprécier les fleurs est la pratique de l'ikebana, un ancien art japonais d'arrangement floral. L'ikebana est né de dévotion spirituelle et a voyagé avec le bouddhisme de la Chine vers le Japon au VIe siècle. La tradition s'est ensuite développée durant l'époque de Heian (794-1185) et trouve ses origines actuelles dans l'époque de Muromachi (1338-1573). Au Japon, l'ikebana est d'abord devenu une forme d'offrande des prêtres bouddhistes et les premières écoles d'ikebana ont commencé à apparaître ensuite, en débutant avec l'école Ikenobō.

Dans l'ikebana, le résultat de la composition, employant fleurs et autres plantes, existe comme paysage miniature. L'humanité, l'esthétique et l'équilibre font partie des principes d'ikebana, et les arrangements floraux créés sont généralement d'une esthétique bien plus minimale que ceux de style occidental.

L'ikebana est enraciné dans un mode de vie, c'est pourquoi on l'appelle aussi « *cadō* »; comme dans « *Chadō* » (la cérémonie du thé), le suffixe « dō » souligne l'existence d'une philosophie à la fois subtile et riche. Les règles pour ces compositions florales sont strictes et méticuleuses, ce qui vaut parfois à l'ikebana d'être associé à l'austérité. Les matériaux saisonniers sont encouragés et les plantes qui ne se trouvent pas à l'apogée de leur floraison peuvent être utilisées. Ce qui m'a notamment attirée dans cette voie demeure le fait de pouvoir utiliser des plantes qui ont déjà vécu et possèdent les traces, les souvenirs de cette vie, comme de petits trous dans une feuille. L'ikebana permet de célébrer tous les moments de la vie, du premier bourgeon à la feuille en décomposition.

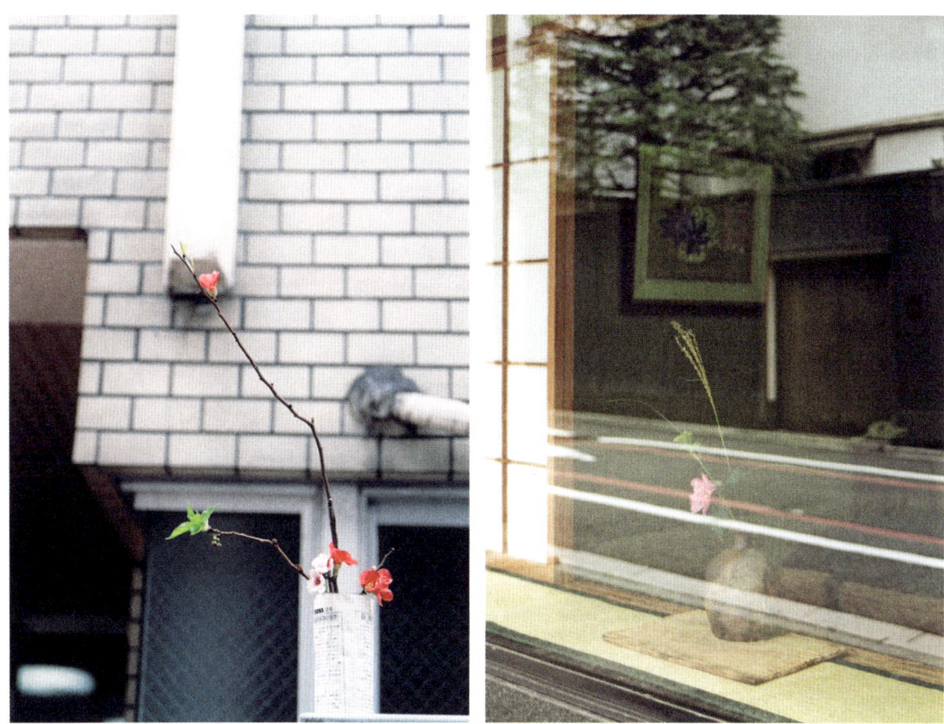

CI-DESSUS : deux arrangements floraux observés au Japon. Le premier à Tokyo, en 2016 : un homme d'une soixantaine d'années place un verre entouré d'un journal au tournant de la rue qui mène à son bureau. Lorsque je l'approche pour lui demander si je peux photographier sa pièce, il m'informe qu'il est étudiant en ikebana. Le second arrangement fut photographié au détour d'une rue à Kyoto, en 2019.

PAGE SUIVANTE : une photographie d'une composition de Claire, 77 ans, participante à l'atelier gratuit *(Almost) Ikebana 6* (en français : « Presque de l'ikebana ») organisé par *The Gardening Drawing Club* en 2022.

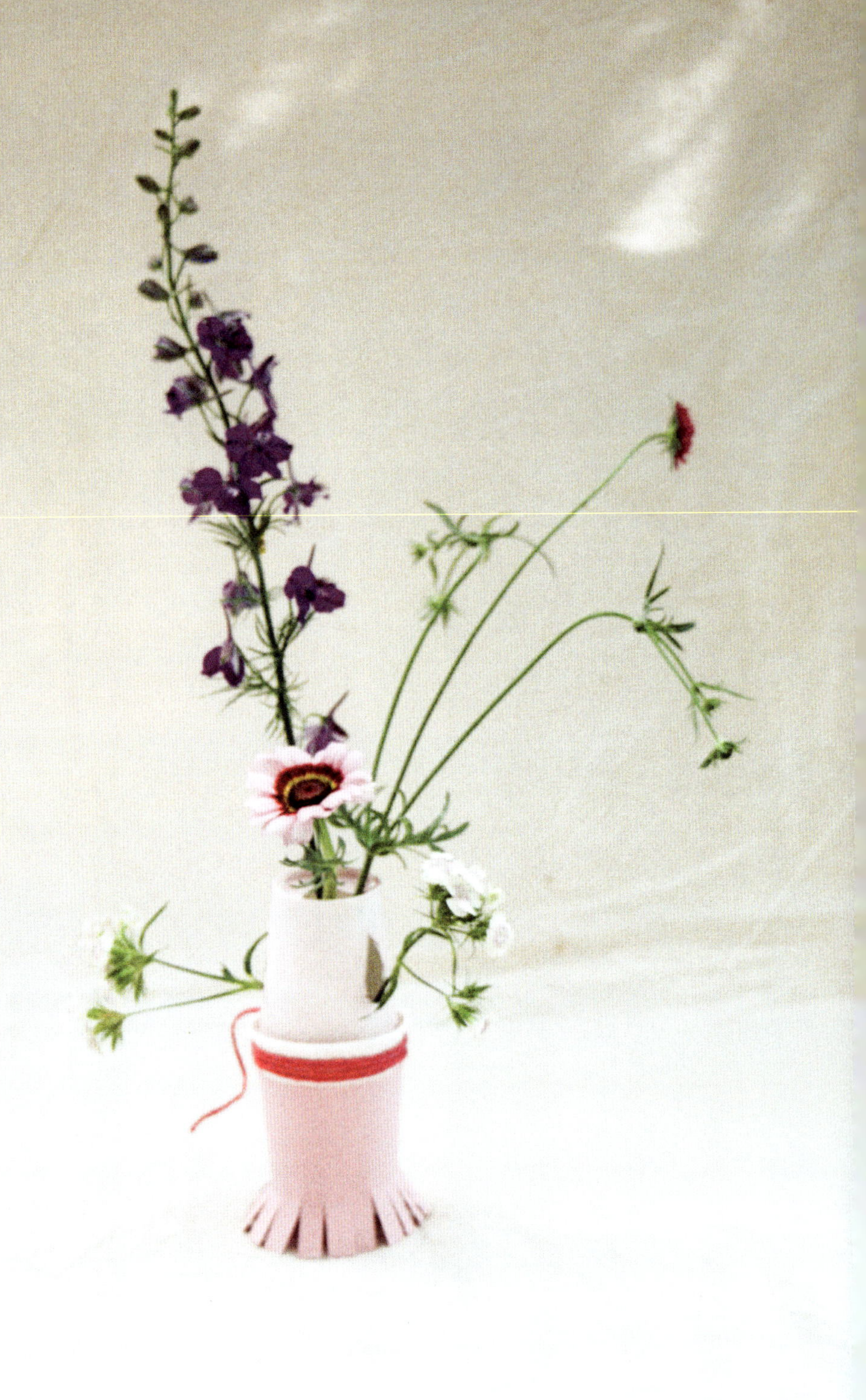

Le soleil sur des draps blancs.
ANONYME, LONDRES.

En 2018, j'ai rejoint en tant qu'étudiante la branche anglaise d'*Ohara-ryū*, une école d'ikebana fondée au Japon en 1895. L'ikebana m'aide à percevoir, avec plus de détails, les feuillages et les nuances florales. En tant que peintre, sa pratique développe ma capacité à voir et soutient ma compréhension des espaces de respiration, ces zones de vide dans la composition d'une œuvre. En plus des fleurs, j'aime discerner les mains de mes professeurs et camarades de classe virevolter autour des végétaux, la lumière naturelle baignant la table et les outils éparpillés. La plupart des personnes présentes dans la salle d'étude sont des femmes d'âge moyen ou âgées, car si l'« ikebana » peut sembler populaire sur les réseaux sociaux, il n'est pas assez répandu pour que de plus jeunes adultes l'étudient. Passer du temps avec ma professeure et d'autres étudiants représente un voyage entre le partage de souvenirs de jardins, de leur Japon, d'amusements et de rires, de discussions sur la beauté de tel ou tel professeur et de critiques constructives sur un arrangement du cours — tout en développant plus de discipline et de soin. Chaque leçon est un étrange et charmant mélange où la nature de chaque être est là, elle aussi. Il y a bien des années d'études devant moi pour devenir professeure certifiée d'ikebana. Pour le moment, avec *The Gardening Drawing Club*, j'anime, avec respect, un atelier (gratuit) intitulé *(Presque) Ikebana* [*(Almost) Ikebana*]. Il s'agit d'une version légère et un peu humoristique d'un arrangement d'ikebana, avec seulement quelques règles à suivre (ou non), où l'on peut pratiquer avec une discipline moins intimidante, tout en se concentrant sur le matériel saisonnier et local provenant de fermes biologiques anglaises ou que je cultive sur mes parcelles.

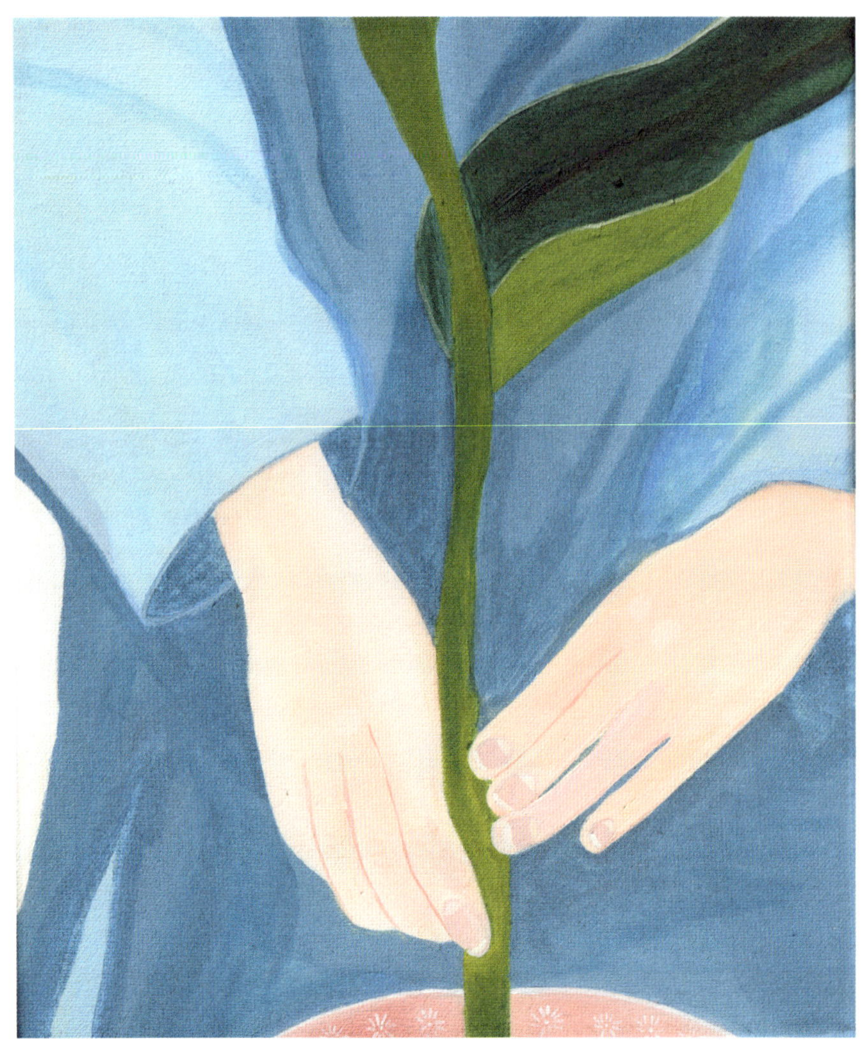

Deux peintures de la série *Ikebana*.
CI-DESSUS : *Practicing* (en français : « s'entraîner »), indigo et peinture à l'huile sur une toile en lin, 40 x 30 cm, 2021.
À DROITE : *The Imaginary Navelwort* (en français : « le Nombril-de-Vénus imaginaire »), peinture à l'huile sur une toile en lin, 80 x 60 cm, 2022.

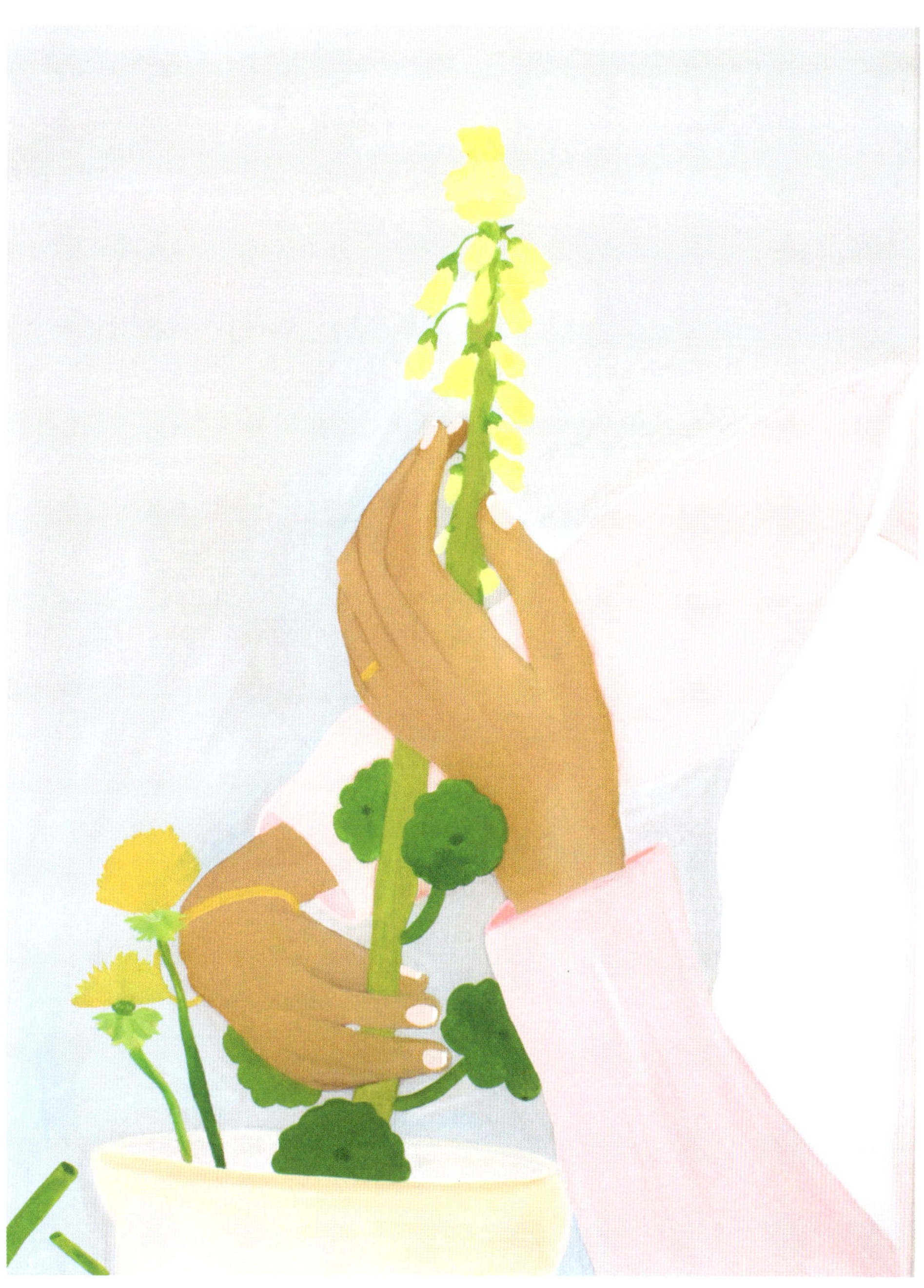

DESSINER LES PLANTES

Dessiner des plantes permet de se détendre et se familiariser avec la pratique du dessin.

MATÉRIEL

- une gomme
- un crayon bien taillé
- du papier
- une table ou autre support de travail (livre ou planche)
- une ou des plantes, celles-ci peuvent être en pot ou en extérieur, dans un parc, un jardin, etc.

ÉTAPES

1. Choisissez une plante et prenez soin de vous asseoir ou de la positionner face à vous selon l'angle que vous souhaitez capturer.

2. Prenez quelques minutes pour observer la plante, ses formes, textures et détails.

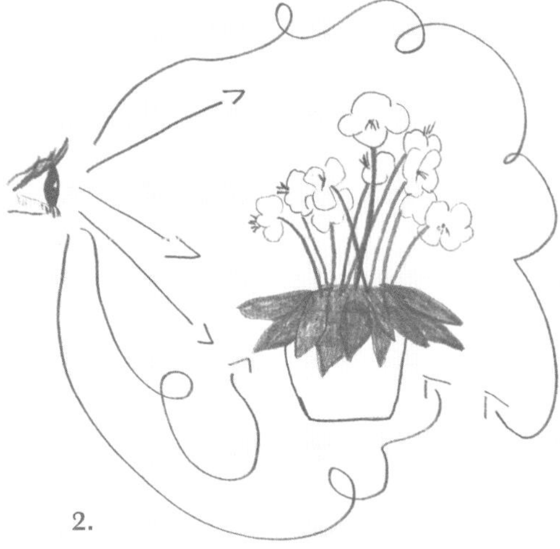

3. Pensez à ce que vous souhaitez dessiner : la plante entière ou un détail, par exemple une feuille.

4. Commencez à dessiner. Plus vous dessinerez, plus vous découvrirez ce qui est le plus confortable pour vous au moment de commencer un dessin. Je commence habituellement avec les pétales ou la tige.

4.

5. Levez la tête régulièrement et observez la plante.

6. Si votre dessin n'a pas pour but d'être représentatif, mais plutôt de captiver l'énergie de la plante, pensez à ses caractéristiques : vous semble-t-elle énergétique, lourde, dynamique, etc. ?

7. Lorsque votre dessin vous semble complet, prenez un moment pour l'apprécier.

ALLER PLUS LOIN

Réalisez un petit journal quotidien de vos dessins en utilisant le carnet que vous aurez créé (*cf.* activité p. 30).

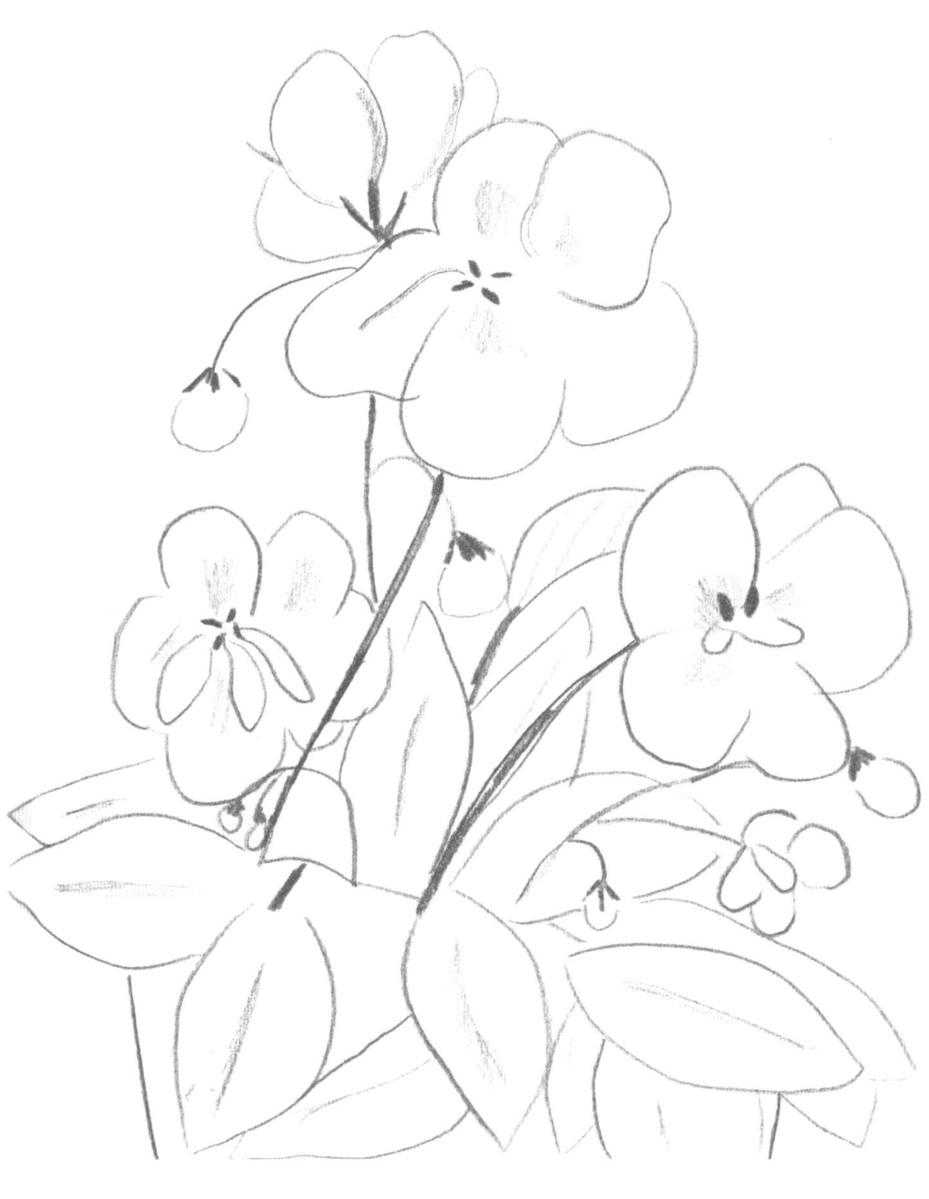

Dessiner une plante vivante présente devant vous, plutôt que *via* une photographie sur un écran, est une manière d'apprécier les multiples détails de la vie végétale. Les plantes sont généralement de parfaits sujets pour pratiquer lignes et courbes. Les matériaux que j'utilise pour mes dessins sont du papier sans acide et quelques crayons. Afin de devenir une illustratrice ou un illustrateur aguerri(e), une persévérance douce et une bonne endurance sont nécessaires. Ne vous fixez pas pour but trop rapidement de réaliser un dessin « parfait ». Évitez de consulter l'heure pendant cette session de dessin. Si votre temps est limité, je vous conseille de mettre une petite alarme qui annoncera la fin de votre séance.

VII

Le futur en fleurs

Le passé et le présent ont été explorés dans cet ouvrage ; les habiter est suggéré comme une forme de ressource. Ce dernier chapitre est une ode au futur, un futur en fleurs. La fleur la plus ancienne découverte à ce jour date de 130 millions d'années. Les *Homo sapiens* existent depuis 300 000 ans. Je ne doute pas que, dans des millions d'années, les fleurs s'épanouiront toujours, tandis que notre héritage humain se sera peu à peu effacé. Il y aura un moment où tous les exemplaires de ce livre se seront décomposés et chacune de mes peintures aura disparu. Être conscient qu'il y a une fin, afin de former une continuité, n'entre pas en conflit avec le fait d'agir, ni même avec l'espoir.

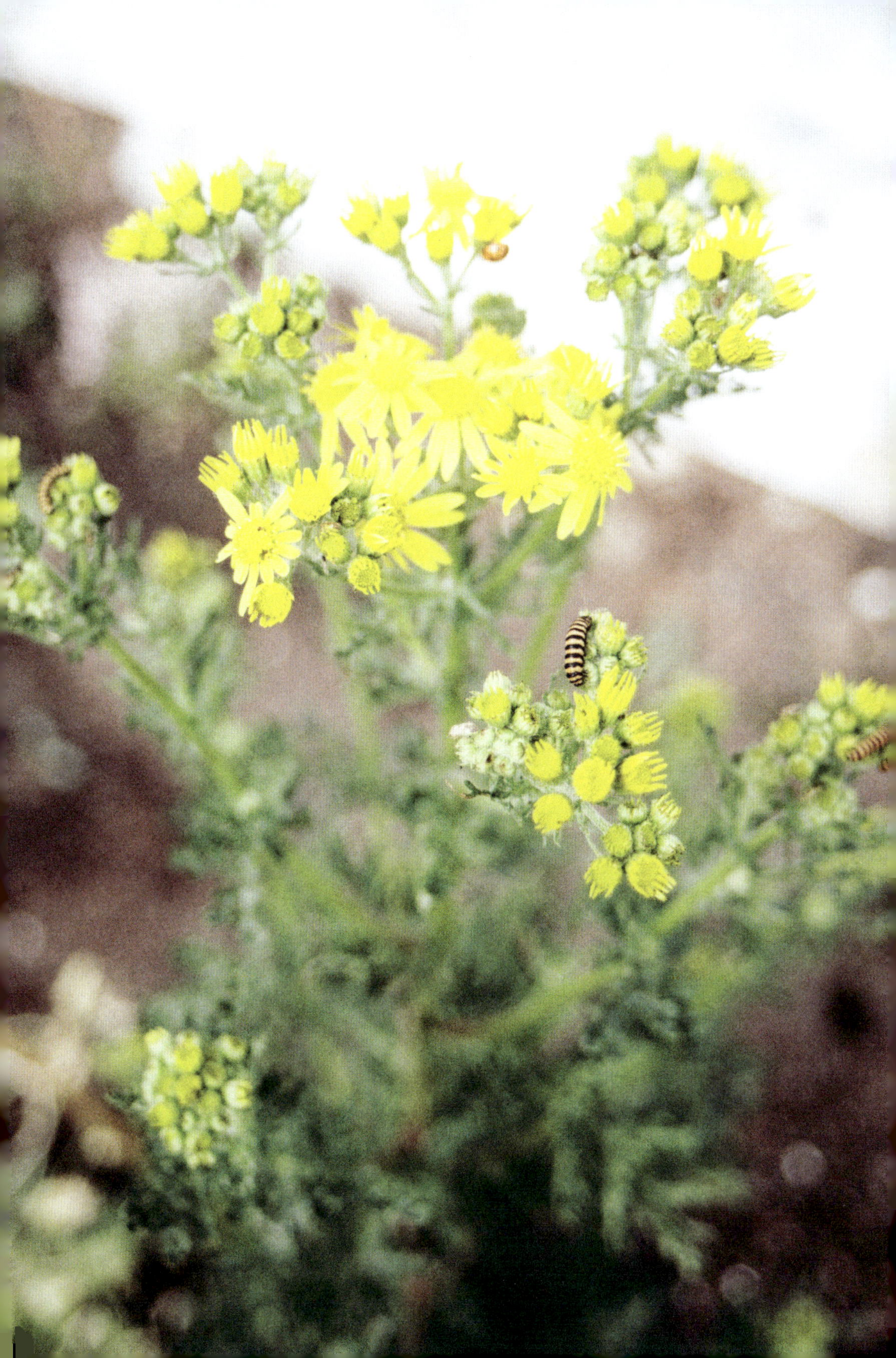

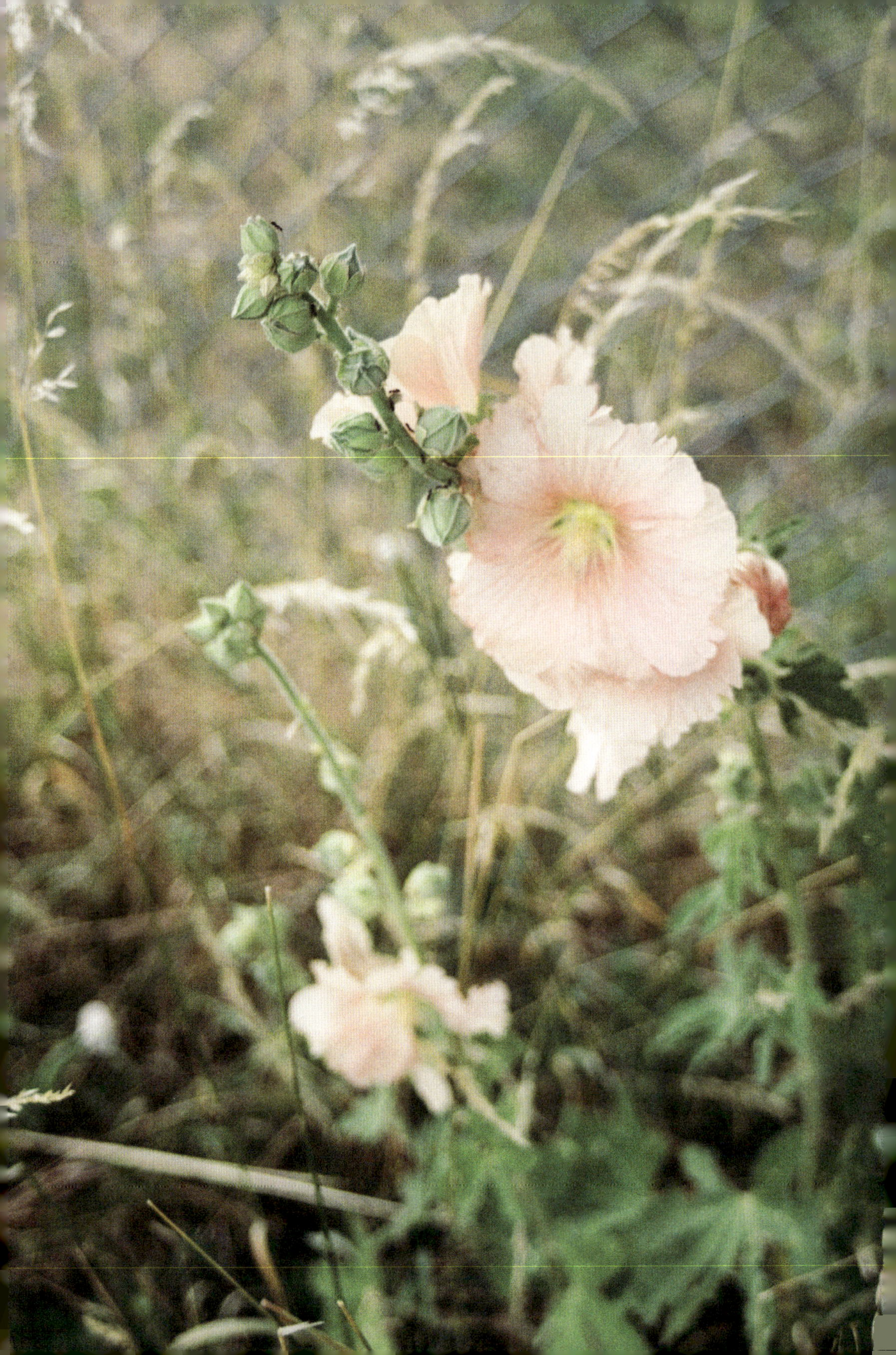

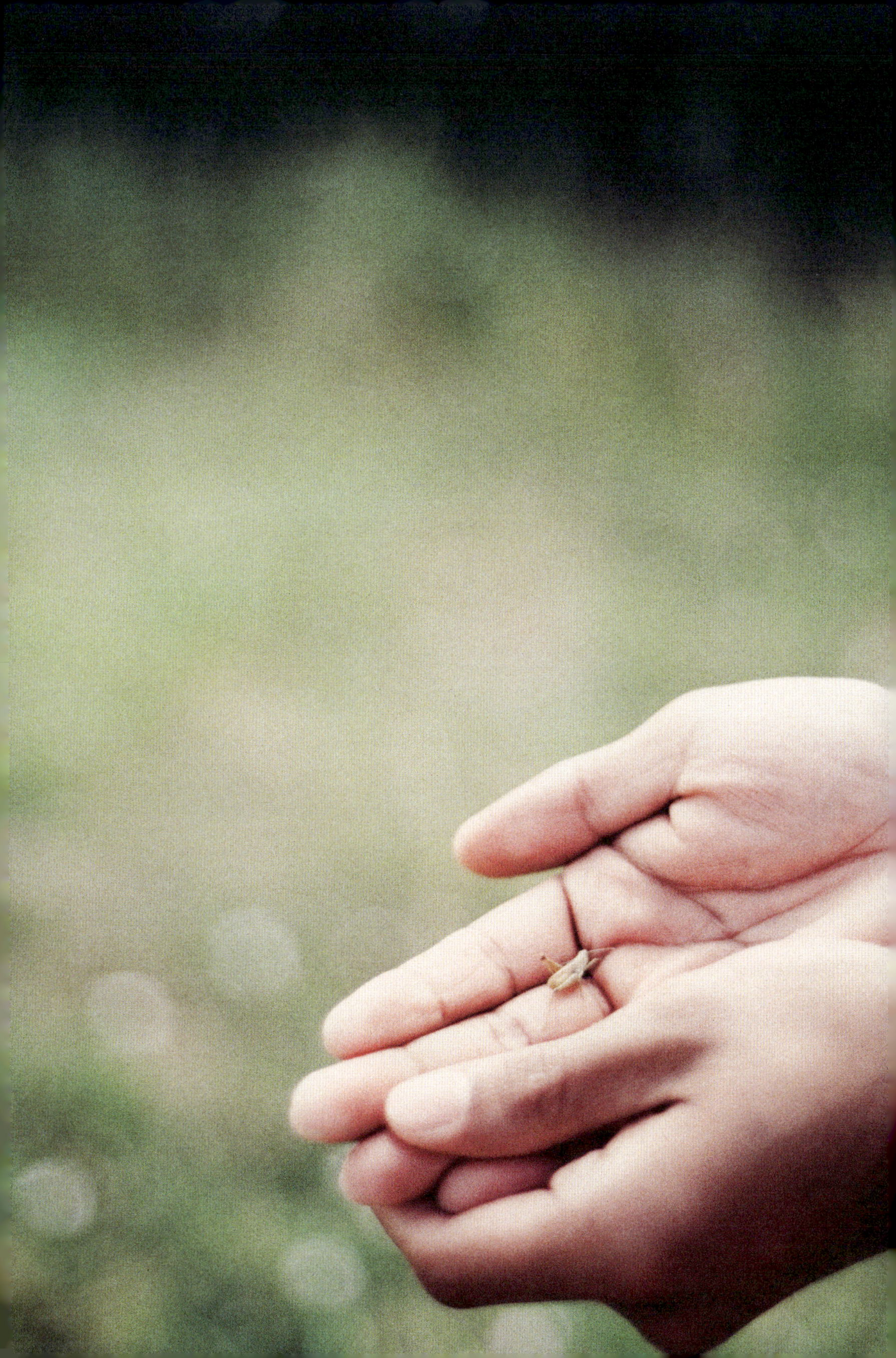

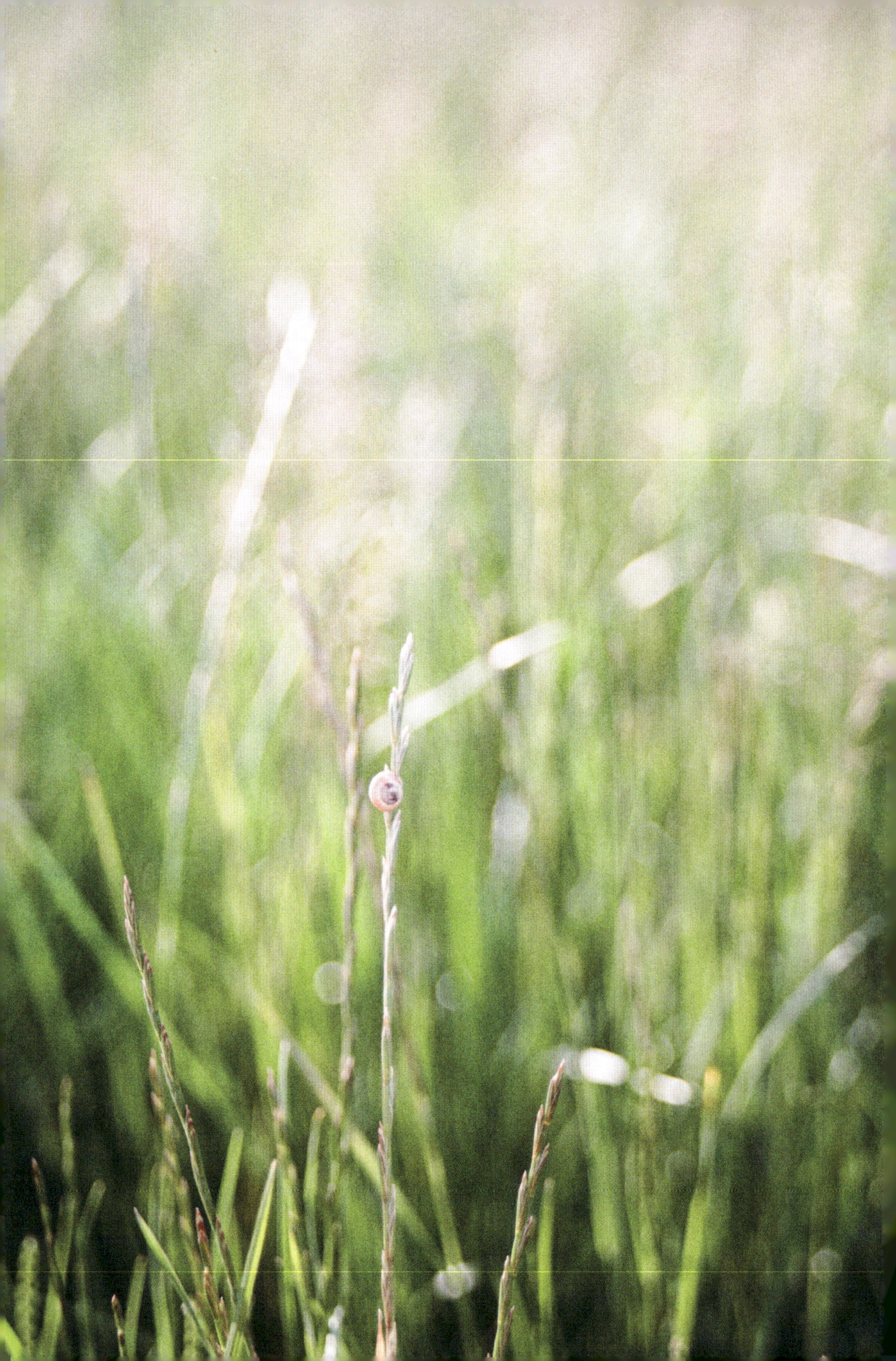

Un attachement à la vie

Dans *Mon année de printemps* (*Ora ga haru*), le poète japonais Issa parle des insectes, qui, comme tout être vivant, s'attachent au désir de vivre. Un peu plus de 200 ans plus tard, c'est un vœu trop souvent mis de côté. Tous les animaux (humains et non humains) possèdent des sentiments et des intentions, ce que nous préférons souvent oublier afin de les maltraiter plus facilement.

Reconnaître ces sentiments, ces intentions, et tenter de les honorer, si cela ne nous a pas été enseigné pendant l'enfance, exige un éveil de l'esprit. Des événements plus petits qu'une rencontre avec une coccinelle peuvent déclencher la compassion, et rapidement, un jardinier peut accepter de laisser un escargot jouir de la vie dans un carré de fleurs.

Vers une beauté non standardisée

Avec la compassion vient la beauté et la beauté peut se trouver dans la grâce d'un escargot se déplaçant sur la fine tige surélevée d'un coquelicot. Je suis optimiste et je crois que de tels changements dans nos cultures se produiront avec les générations présentes et futures à travers les frontières, à travers les pratiques horticoles également, et cela, assez pour faire bouger les lignes. J'ai été soulagée d'apprendre qu'en mars 2022, la *Royal Horticultural Society* a annoncé que les escargots ne seraient plus classés comme des êtres nuisibles, à exterminer. J'ai toujours été surprise par les articles, vidéos et publications de toutes sortes sur les réseaux sociaux suggérant de piéger les limaces et les escargots dans des gobelets remplis de bière placés dans la terre pour les brûler à mort, au prétexte qu'ils mangent quelques légumes et plantes ornementales tendres. Certains défenseurs de ces pratiques arguent de vouloir sauver leurs dahlias et leurs tulipes afin d'avoir du nectar pour les abeilles. Mais si l'on veut nourrir les abeilles et autres pollinisateurs, ce sont des fleurs comme la phacélie qu'il faut cultiver ; ces fleurs violettes,

La naissance de ma première fille Johanna qui n'est autre que toi, ma fille.
TA MAMAN QUI T'AIME, STRASBOURG.

qui possèdent une longue durée de vie en vase et que les limaces et escargots ne semblent pas manger, demeurent une bonne source de pollen et de nectar pour les pollinisateurs, y compris les bourdons, les abeilles mellifères, les abeilles solitaires et les syrphes. Seules neuf des 44 espèces de limaces reconnues au Royaume-Uni mangent des plantes de jardin. Les limaces et les escargots aident à recycler les feuilles mortes et autres matières végétales ; les tuer est une façon supplémentaire de perturber l'écosystème. Respectons tout un chacun, nous sommes liés.

La vie terrestre

Cela va sans dire, les conversations sur l'avenir ne sont pas toujours étincelantes de joie. Le futur peut être craint, ainsi que les conséquences du changement climatique et les tensions sociales, politiques, géographiques et économiques qui en résultent. Quand je discute de mes opinions sur la collapsologie (le potentiel effondrement de nos sociétés industrielles), la pensée que si les civilisations, telles que nous les connaissons, prennent fin, il y aurait toujours des fleurs, leurs pétales dansant dans le vent, le parfum voyageant dans l'air. Et cela me réconforte et m'apaise.

À travers ma pratique et mes projets, j'aime répandre la possibilité d'un avenir positif, sûr et sain sur terre. Je ne souhaite pas proposer des récits aux fins dramatiques et célébrant un futur humain au-delà de la terre, qui ne serait réservé qu'aux très rares habitants financièrement privilégiés de cette planète. Comme l'a écrit Masanobu Fukuoka : « La question ne sera pas "Pourquoi y a-t-il tant d'humains ?" mais "Qui est responsable des manques de ressources dans lesquels ces humains sont nés ?". Et puis enfin, "Comment pouvons-nous guérir la Terre pour qu'elle puisse soutenir les générations futures ?" ».

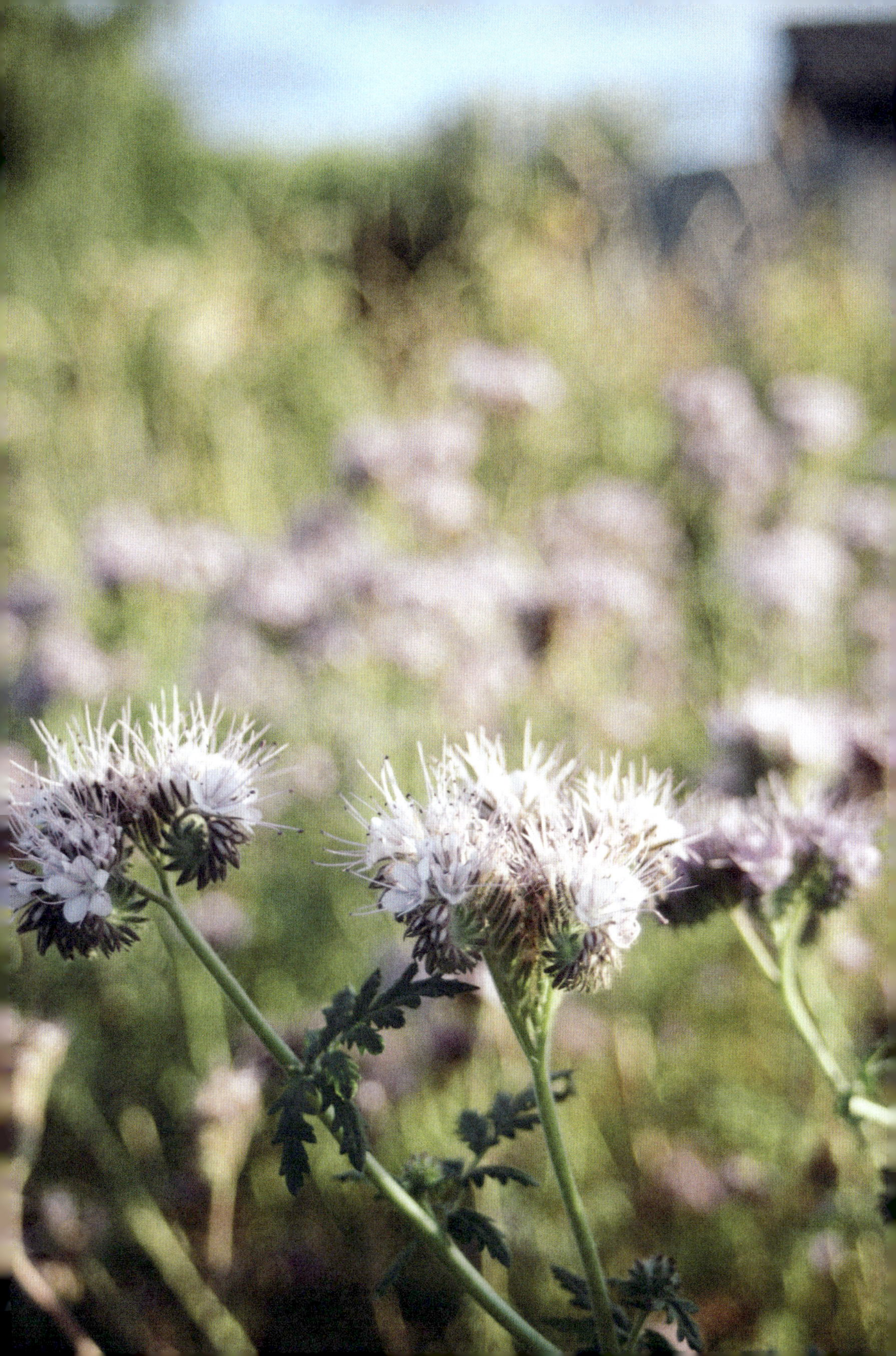

Avec intention

Les plantes, dit-on, n'ont pas de sentiments, mais leur nature, leur intention, comme celle de tout être vivant, est de s'attacher à la vie et de transmettre une forme d'héritage.

Hormis les plantes d'ombre, les plantes poussent en direction des rayons lumineux et chauds du soleil : c'est cette intention qui les façonne. Or, le jardinage prive certaines flores indigènes de réaliser cette intention : on arrache et on plante afin d'accomplir notre désir (cultiver des légumes ou une plante ornementale, avec une abondance de pétales vifs, mais sans nectar pour les insectes). Il m'arrive également de déraciner des plantes ici et là, pensant avoir des raisons, ne songeant qu'à mon but : planter des graines de radis ou faire de la place pour des hellébores.

La plupart des jardinières et jardiniers se demandent pourquoi on arrache les « mauvaises herbes » et pourquoi on les appelle ainsi. Certains se rendent compte qu'un lien a été coupé et aspirent à une réunion. Encore une fois, célébrons la beauté et la résilience de ces plantes nommées « mauvaises herbes », (ré)apprenons à les connaître et reconnaissons leurs rôles.

De grandes molènes poussent sur les deux parcelles que je loue ; elles abritent des coccinelles. Parfois, mon but est de ne pas toucher le sol, mais de protéger ces longues maisons jaunes allongées.

La « gentillesse » comme moyen et force

Si la nature peut être dure et féroce, elle peut également faire preuve de bonté, de gentillesse et de générosité. En humanisant la nature animale et végétale, nous avons souvent tendance à la définir par son indifférence et sa férocité. Cela peut s'expliquer par notre conception moderne de la gentillesse, tout autre que celle de nos prédécesseurs. Depuis l'époque du philosophe David Hume (1711-1776), nous, humains, nous percevions généralement comme étant intrinsèquement bons. Dans cette évolution commune, nous n'avons pas pourvu la nature de ce trait lorsque nous l'humanisons : la nature animale et végétale est devenue objet de craintes, de conquête, d'assujettissement et d'asservissement.

Être avec S. et ne se sentir qu'un.
ANONYME, LONDRES.

Au-delà de l'instinct de survie, on observe dans la faune et la flore des comportements qui ne peuvent systématiquement être expliqués par une fin purement pratique ou un bénéfice individuel. Les êtres vivants collaborent entre eux peut-être aussi simplement pour bénéficier du plaisir qu'apporte la gentillesse.

Nous, êtres humains, pouvons aussi être cruels et devons passer de la brutalité à la gentillesse, à la compassion et à la bienveillance envers la nature — autres humains, animaux, plantes et toutes formes de vie —, car nous avons, ces derniers siècles, agi envers la nature avec rudesse, cruauté et négligence, au bénéfice de quelques rares individus.

Mes intentions forment la façon dont je tends ma main, espérant doucement, naïvement peut-être, que nous pouvons devenir meilleurs, profondément plus conscient(e)s et bienveillant(e)s envers les autres. Tous les autres, sans distinction. Je ne doute pas que cet optimisme, nourri par l'écologie profonde, en amusera certains — je souris moi aussi, car je sais qu'il en inspirera d'autres.

ALLER PLUS LOIN

Dix fleurs bénéfiques pour les pollinisateurs: bleuet (*Centaurea cyanus*), bourrache (*Borago officinalis*), coquelicot commun (*Papaver rhoeas*), échinacée (*Echinacea*), œillet d'Inde (*Tagetes*), phacélie (*Phacelia tanacetifolia*), pissenlit (*Taraxacum*), primevère (*Primula veris*), rose trémière (*Alcea rosea*), souci (*Calendula officinalis*). Pour ceux qui seraient attirés par des variétés hybrides de ces fleurs, assurez-vous que celles-ci restent abondantes en nectar.

Quelques légumes que je vous encourage à laisser en terre jusqu'à la production de fleurs, le processus qui accompagne la production de graines par la plante, qui nourriront les pollinisateurs: chou frisé, navet, radis et artichaut.

Lecture suggérée: tous les ouvrages de Masanobu Fukuoka.

Quand je m'endors dans l'amour de son corps.
PAULETTE, STRASBOURG.

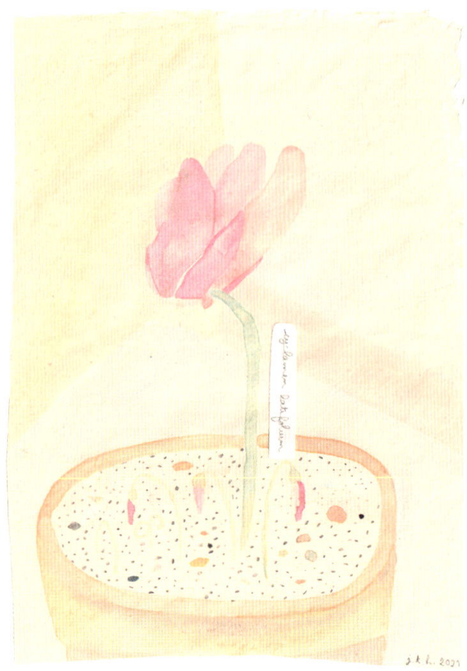

CI-DESSUS, À GAUCHE : *Temple*, un dessin réalisé avec des pétales de diverses fleurs ramassées après la cérémonie de *Puranmashi* dans des temples sikhs de Coventry, 2015. Dans cette cérémonie et selon le temple, des fleurs sont jetées en l'air lors des prières.
CI-DESSUS, DROITE : *Cyclamen,* une peinture réalisée à partir de noix et de différents pigments de plantes sur papier wasli, 2021.

PAGE DE DROITE : le plan ainsi qu'une photographie de l'installation en cours de la pièce *SOIL* (en français : « terre ») au Camden Art Centre, Londres en 2021. Les plantes que j'utilise ici ont poussé dans notre jardin ouvrier, le terreau, lui, est végan et fabriqué en Angleterre. Commissaire d'exposition : Jareh Das.

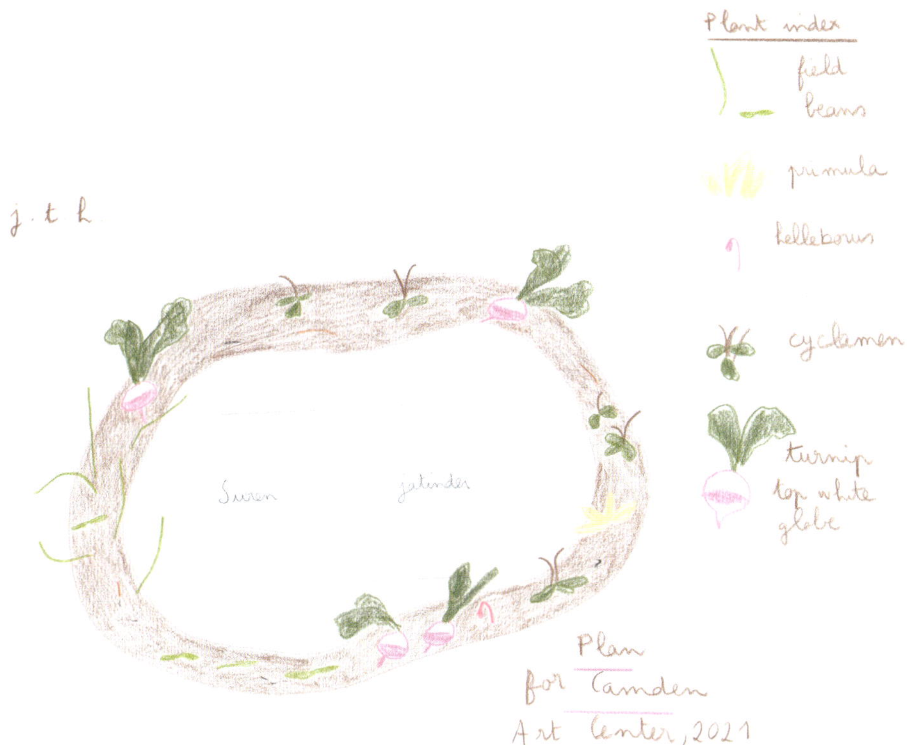
j. t. h.
Plant index
field beans
primula
cyclamen
turnip top white globe
Plan for Camden Art Center, 2021

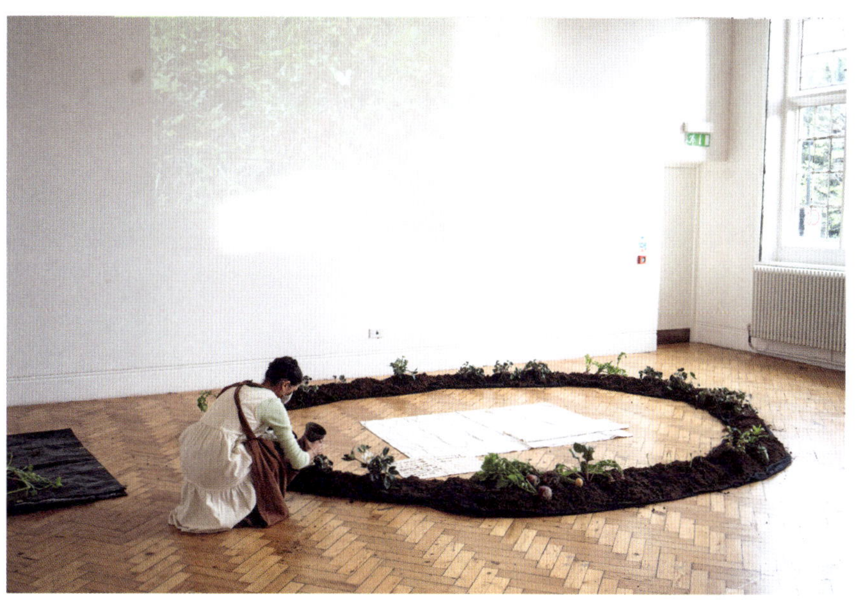

SEMER AVEC SOLIDARITÉ

Préparation et semis d'un mélange de graines inspiré par le mouvement Natural Farming et découverte des fleurs de légumes.

MATÉRIEL

- un bol
- de l'eau
- un espace vert ensoleillé
- un peu de terre et de terreau
- un arrosoir avec son pommeau
- un râteau
- différentes sortes de graines de radis, de trèfle blanc, de betterave, de navet, de laitue et d'origan

ÉTAPES

1. Préparez vos semences en mélangeant toutes les graines dans un bol.

2. Désherbez le plus possible la surface de plantation ; il n'est pas nécessaire de tout enlever pour que les semis lèvent. Puis, affinez la terre légèrement avec un râteau.

3. Semez les graines librement tout en prenant garde au vent afin qu'elles ne se retrouvent pas toutes au même endroit.

4. Recouvrez d'un peu de terreau fin sur 1 cm environ, puis d'un peu de terre.

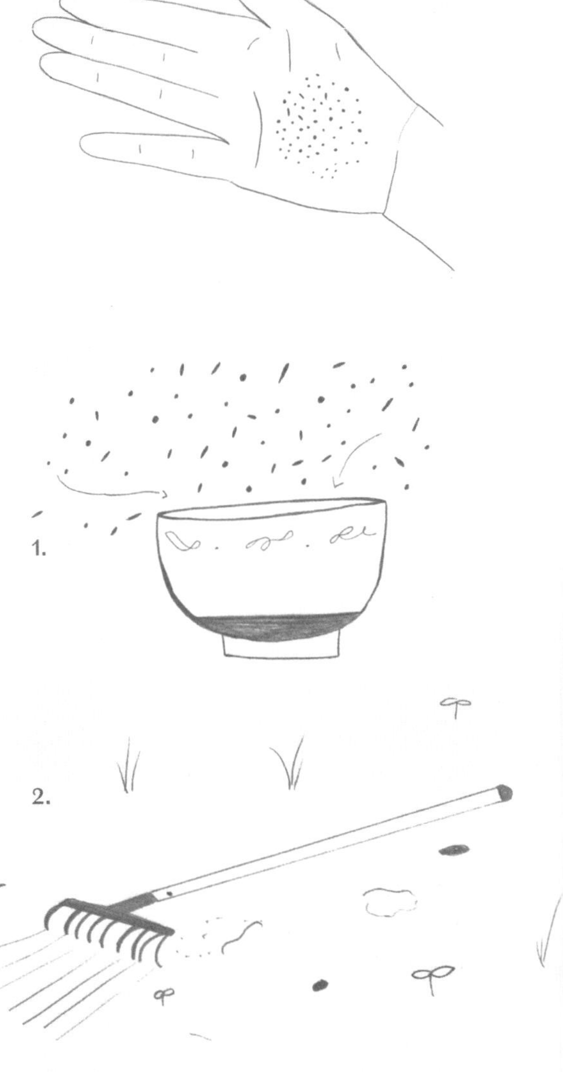

5. Avec un arrosoir, muni de son pommeau, arrosez de manière égale la terre de votre nouveau petit jardin.

6. Selon la météo, arrosez cet espace plusieurs fois par semaine. Attention à ne pas détremper la terre.

7. Au bout de 4 semaines, vous pourrez récolter vos radis et d'environ 8 semaines, vos navets.

8. Pour découvrir le cycle complet de certaines plantes, je vous conseille de laisser certains de vos radis et de vos navets en terre jusqu'à ce qu'ils fleurissent, tout en continuant à les arroser. Ces fleurs feront place aux graines, et si vous les laissez mûrir et tomber, vous obtiendrez de nouveaux légumes. Voilà qu'un petit espace de croissance cyclique est né. Certains insectes pollinisateurs, qui adorent le nectar de ce type de fleurs, vous en seront reconnaissants.

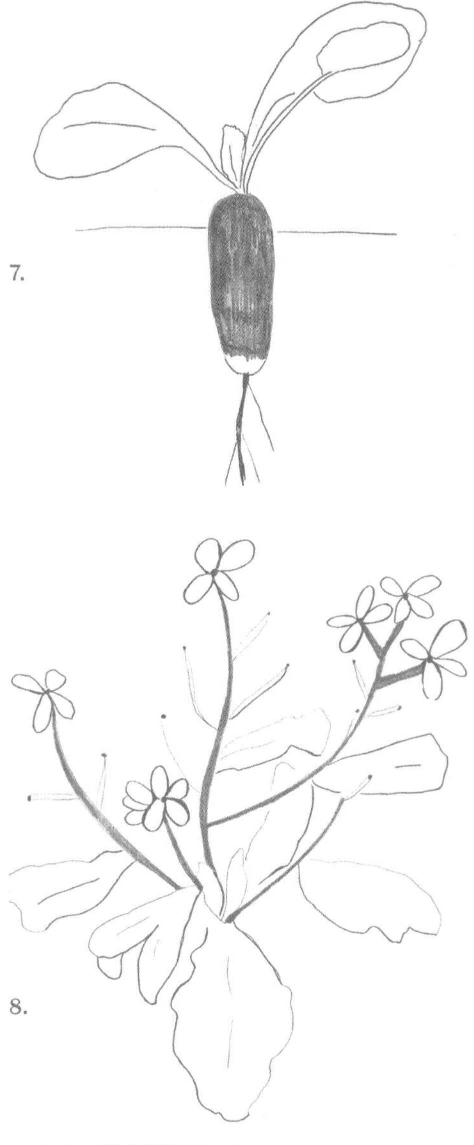

La bonne période pour cette activité est de juillet à septembre. Il doit faire au moins 6 °C. Le trèfle blanc recouvrira la terre et réduira la présence et la croissance de plantes moins désirables. C'est également un excellent engrais vert. Certains diront que septembre est déjà trop tard pour certaines des graines qui font partie du mélange que je propose ici. Et pourtant, je l'ai testé à plusieurs reprises à Londres et en Oxfordshire. Peut-être est-ce le changement climatique, car une délicieuse récolte s'en est suivie à chaque fois. Si vous plantez différentes sortes de radis, les graines produites par vos plantes sont susceptibles de pollinisation croisée, possible entre toutes les variétés de radis.

ALLER PLUS LOIN

Utilisez ces fleurs et plantes en tant que sujet pour l'activité de dessin (*cf.* p. 124). Vous pouvez également cueillir les radis en fleurs afin de créer des arrangements floraux.

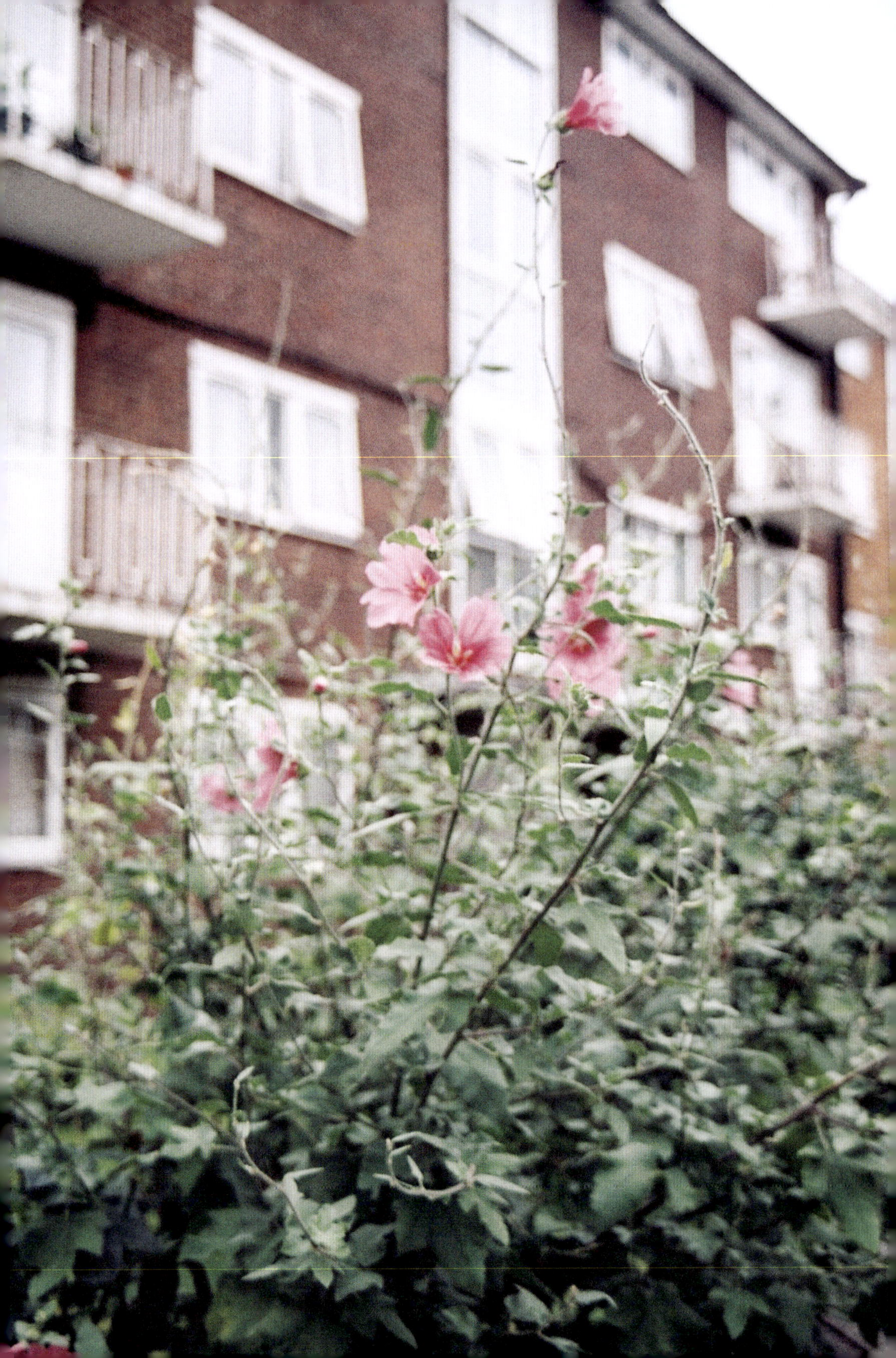

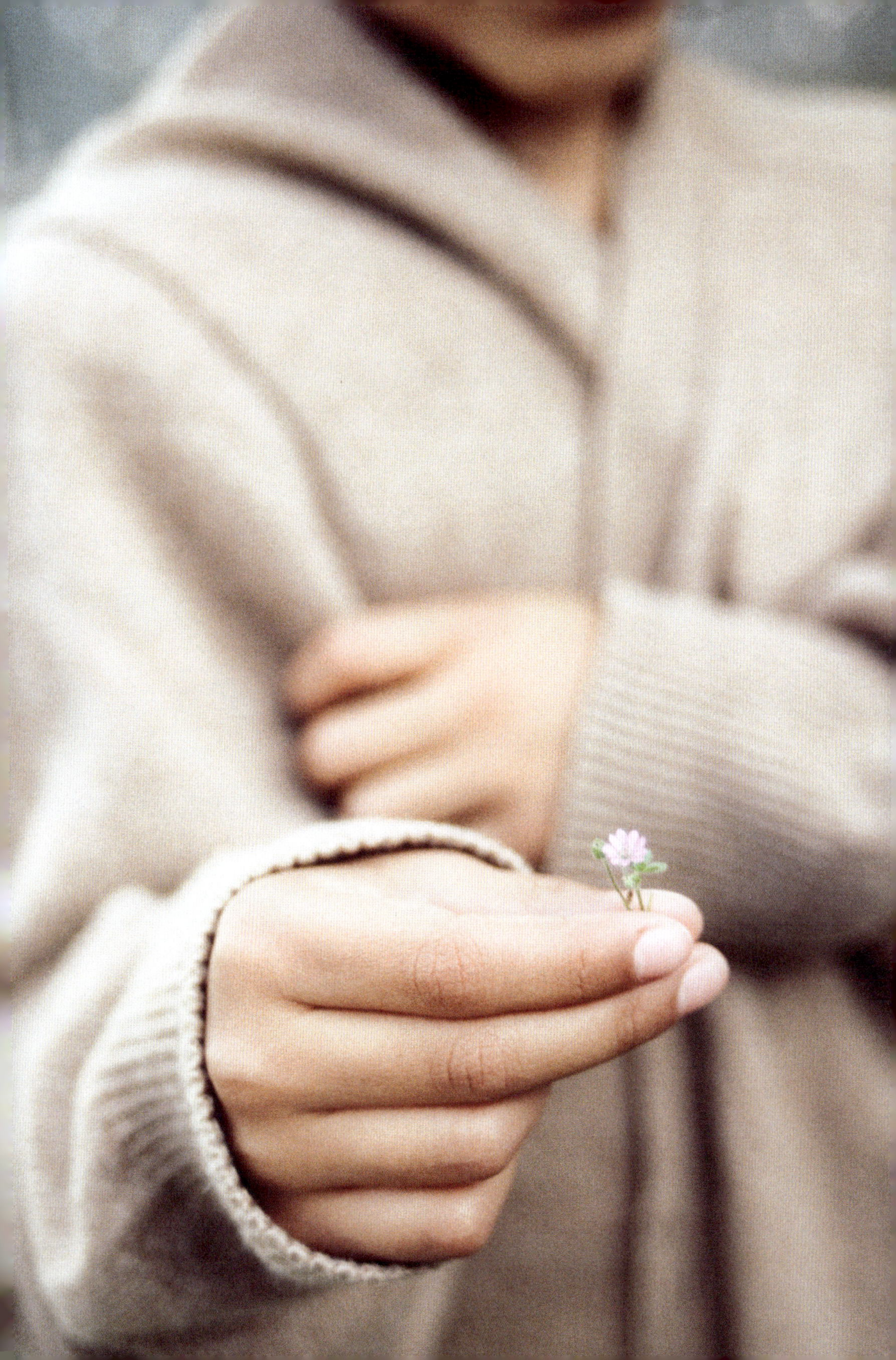

CRÉDITS PHOTOGRAPHIQUES

Toutes les images sont de Johanna Tagada Hoffbeck, exception faite des photographies suivantes :

© Grain Magazine, Volume 2. Johanna Tagada Hoffbeck, photographiée par Nishant Shukla, 2022 : p. 5
© The Weekender Magazine, Johanna Tagada Hoffbeck, photographiée par Nishant Shukla, 2021 : p. 12
Photo de famille : p. 12
Juliette Riegel : p. 24
Thierry Hoffbeck : p. 37
Jatinder Singh Durhailay : p. 89
Sach Dhanjal : p. 137.

LIENS

Johanna Tagada Hoffbeck
johannatagada.net

The Gardening Drawing Club
thegardeningdrawingclub.org

Poetic Pastel & Poetic Pastel Press
poeticpastel.com

Journal du Thé
journalduthe.net

OUVRAGES

Ouvrages sur la pratique
de Johanna Tagada Hoffbeck :

Daily Practice. Éditions InOtherWords Imprint, 2018.
Do Insects Play ? Éditions Chose Commune, 2019.
Avec ce qui reste. Éditions Tombolo Presses, 2021.

REMERCIEMENTS

Pour leur amour, amitié, soutien et encouragements, je remercie mon Amour Jatinder Singh Durhailay, ainsi que ma famille en France et au Royaume-Uni et mes chers amis(e)s Juliette Riegel, Minami Kanesawa, Tilmann S. Wendelstein et Veronika Muchitsch.

Je remercie chaleureusement l'équipe des éditions Ulmer pour cet ouvrage, et plus particulièrement mon éditrice Lila Hervé-Gruyer pour son invitation, ses conseils, sa patience et sa bienfaisance. Lorsque Lila m'a proposé l'idée de ce livre en 2020, elle ignorait que je gardais précieusement à mes côtés des ouvrages Ulmer, qui ont fait partie des années durant des livres aimés par mon grand-père, et que je rêvais de travailler avec cette maison. Merci beaucoup à Raphaèle Dorniol, qui m'a aidée par ses questions, a affiné ma pensée et s'est assurée avec élégance que mon français ne se mélange pas à l'anglais. Je remercie également Guillaume Duprat, qui a su, avec assurance, donner vie à ce livre, et écouté les sentiments qui forment mes images.

Je remercie également ceux qui figurent, avec patience, dans mes photographies : Yolande Hoffbeck, Jatinder Singh Durhailay, Juliette Riegel, les jardins de Thierry Hoffbeck Parminder Kaur Durhailay, Toshio Kojima, Aagia Kaur Durhailay, Mai Ueda, Mio Kamaya, nos voisines à Auroville ainsi que l'équipe d'Auroville Papers, les participants au *Gardening Drawing Club* et visiteurs des expositions.

Merci beaucoup à ceux avec qui j'ai eu la chance de collaborer ou par qui j'ai pu être soutenue au cours des dernières années, avec une tendre pensée pour Arisa Shimizu, Nidi Gallery, Charan Singh Rattan, Jareh Das, Sigrid Volders, Chipo Mapondera, Narelle Dore, Cécile Sayuri Poimboeuf-Koizumi, Chose Commune, Ao-Hata Books, Jane & Jeremy, Camden Art Centre, Alyssia Lou, Sarah Gissinger, Mathilde Bapst, Nieves, Nozomi Matsumoto, Laurence Labbé, Audrey Fondecave, Julien Aschner, Shoko Holness, Ohara Ikebana England Chapter, Cécile Daladier, l'équipe d'Aromatopia, The Weekender Magazine, 75W Studio, Pauline Simonet, Olivia Fiddes, egg et Maureen Doherty.

Merci à ceux qui ne cessent de m'inspirer, en particulier Trinh T. Minh Ha et Masanobu Fukuoka.

Le papier intérieur (Tauro offset 120 g/m^2) et le papier de couverture (Wibalin® finelinen 120 g/m^2) sont composés avec un minimum de 70 % de fibres certifiées FSC provenant de forêts gérées durablement.

Ce livre est imprimé avec des encres végétales en Italie chez Printer Trento. Depuis 20 ans, nous collaborons avec cet imprimeur qui cherche à adopter une production la plus écologique possible.

33, rue du Faubourg Montmartre
75009 Paris
Tél. : 01 48 05 03 03
www.editions-ulmer.fr

Réalisation : Guillaume Duprat
Responsable éditoriale : Lila Hervé-Gruyer
Impression : Printer Trento, srl
ISBN : 978-2-37922-207-8
N° d'édition : 207-01

Retrouvez-nous sur Facebook et Instagram

Dépôt légal : février 2023
Imprimé en Italie